Die Dampfkessel

einschließlich Feuerungen und Hilfseinrichtungen

Physikalische und chemische Grundlagen,
Berechnung und Konstruktion,
Vorschriften und Beispiele

von

Prof. Dr.-Ing. Walter Marcard †

Dritte, neubearbeitete Auflage

von

Dr.-Ing. Gerhard Beyer

III

Vorschriften und Beispiele
Rechtliche Grundlagen, wärme- und festigkeitstechnische Berechnung, Ausrüstung
Mit 13 Bildern, Tabellen, Übersichten

Sammlung Göschen Band 1230/1230a

Walter de Gruyter & Co. Berlin 1969

vormals G. J. Göschen'sche Verlagshandlung · J. Guttentag, Verlagsbuchhandlung · Georg Reimer · Karl J. Trübner · Veit & Comp.

Die Gesamtdarstellung umfaßt folgende Bände:

Band I: Physikalische und chemische Grundlagen, Wärmelehre, Wärmeübertragung, Verbrennung
(Slg. Göschen Band 9/9a)

Band II: Berechnung und Konstruktion, Dampfkessel, Hilfseinrichtungen, Feuerungen, Berechnung
(Slg. Göschen Band 521/521a)

Band III: Vorschriften und Beispiele, Rechtliche Grundlagen, wärme- und festigkeitstechnische Berechnung, Ausrüstung
(Slg. Göschen Band 1230/1230a)

 — Archiv-Nr. 79 34 689. Satz und Druck: Deutsche Zentraldruckerei, Berlin. — Printed in Germany.

Inhaltsverzeichnis

1. Rechtliche Grundlagen für die Errichtung und den Betrieb von Dampfkesselanlagen

In Deutschland sind die Errichtung und der Betrieb von Dampfkesselanlagen durch gesetzliche Bestimmungen geregelt.

In der Bundesrepublik und in Westberlin gilt als grundlegendes Gesetz (Bundesrecht) die *Gewerbeordnung* (GewO). In der heutigen Fassung liegt dem u. a. für das Dampfkesselwesen maßgebenden Abschnitt des Titels II der GewO, *Anlagen, welche einer besonderen Genehmigung bedürfen,* der Gedanke des *Schutzes der Beschäftigten vor Gefahren durch die Anlage und des Schutzes Dritter vor Gefahren und Belästigungen durch die Anlage* zugrunde. Die Gewerbeordnung enthält in der heute gültigen Fassung (1968) keine unmittelbaren Bestimmungen, sondern nur die *Ermächtigung für die Bundesregierung, die notwendigen Regelungen durch Rechtsverordnung zu treffen*[1]).

Unter Bezug auf § 24 der Gewerbeordnung (Gesetz) wurde für das Dampfkesselgebiet die *Dampfkesselverordnung (DampfkV)* erlassen mit der dazugehörigen *Verwaltungsvorschrift.* Voraussetzung waren die inzwischen aus den bestehenden Vorschriften und Regelungen unter Berücksichtigung der technischen Entwicklung zusammengestellten *Technischen Regeln für Dampfkessel (TRD).*

Zuständige Behörde für das Dampfkesselwesen ist der *Bundesminister für Arbeit und Sozialordnung,* im Länderbereich die *oberste Arbeitsbehörde;* örtliche Aufsichtsbehörde ist das *Gewerbeaufsichtsamt (GAA).* In anderen Staaten haben sich entsprechende Bestimmungen mehr auf Versicherungsbasis entwickelt.

Bei Errichtung und Betrieb einer *Dampfkesselanlage* sind weiterhin neben den bauaufsichtlichen Bestimmungen

---

1) Eine Übersicht über Aufbau und Zusammenhang der verschiedenen Bestimmungen (vom Gesetz bis zu Normen u. Richtlinien) s. Abschn. 5.1.

die Gesetze und Verordnungen zu beachten, die zur *Abwendung von Feuersgefahr durch die Brennstofflagerung und zur Reinhaltung von Boden, Wasser und Luft* erlassen worden sind und noch erlassen werden.

Im folgenden soll auf die einzelnen Bestimmungen eingegangen werden (Stand etwa Anfang 1968). Geschichtliche Entwicklungen können nur gestreift werden, soweit es zum Verständnis des derzeitigen Standes erforderlich ist. Wenn auf heute gültige Gesetze und Verordnungen Bezug genommen wird, ist in Klammern angegeben wo der Text im *Bundesgesetzblatt* (BGBl.) des betr. Jahres veröffentlicht worden ist.[1])

1.1. Gewerbeordnung — GewO (Gesetz). Die mit der Einführung des Dampfbetriebes verbundenen Gefahren waren 1831 Anlaß zu einer Königlich-preußischen Kabinettsorder (Sonderregelung für Berlin bereits durch Erlaß des Ministers des Inneren v. 12. 4. 1828). Sie enthielt Bestimmungen zum Schutz der Allgemeinheit und auch die *Genehmigungspflicht für Dampfmaschinen* war darin bereits festgelegt. Dampfmaschine und Dampfkessel waren bei Beginn der Entwicklung immer eine Einheit, deshalb wurde auf die Dampfmaschine Bezug genommen.

Eine erste preußische *Allgemeine Gewerbeordnung* wurde am 17. 1. 1845 erlassen. Darin werden erstmals die Dampf-Kessel allgemein, also nicht nur die Dampfmaschinenkessel, den Vorschriften unterworfen. Die erste Gewerbeordnung für das Deutsche Reich datiert vom 21. 6. 1869. Sie galt anfangs nur für den Norddeutschen Bund, wurde aber nach 1871 auch in den nicht zum Bund gehörigen Staaten als Reichsgesetz eingeführt.

Von Anfang an enthielt *§ 24 der GewO die für Errichtung und Betrieb einer Dampfkesselanlage* maßgebenden

---

1) Neben den Veröffentlichungen in Fachzeitschriften und Nachschlagewerken sind Einzeldrucke, insbesondere aller mit der Dampfkesselverordnung zusammenhängenden Veröffentlichungen, beim Carl Heymanns Verlag KG, Köln, und bei der Beuth-Vertrieb GmbH, Berlin, Köln, Frankfurt, erhältlich.

gesetzlichen Anforderungen. Als Ausführungsbestimmungen bezüglich Herstellung, Ausrüstung, Aufstellung und Betrieb der Dampfkessel entstanden die *Allgemeinen polizeilichen Bestimmungen (ApB)* vom 29. 5. 1871, die mit entsprechenden Änderungen und Ergänzungen theoretisch bis zum Erscheinen der Dampfkesselverordnung vom 8. 9. 1965 Gültigkeit hatten. Sie waren von Anfang an Voraussetzung für die Freizügigkeit der Kessel innerhalb Deutschlands.

Die ergänzenden Vorschriften über Werkstoffe und Berechnung der Kessel erschienen erst später und haben unter dem Einfluß unterschiedlicher Interessen mannigfache Wandlungen erfahren. Zuletzt waren die *Werkstoff- und Bauvorschriften für Landdampfkessel vom 21. 6. 1939* gültig. Die *Dampfkessel-Normenkommission, der Deutsche Dampfkesselausschuß und der Deutsche Dampfkessel- und Druckgefäß-Ausschuß* waren nacheinander die aus Vertretern aller am Bau und am Betrieb der Dampfkessel interessierten Gruppen zusammengesetzten beratenden Gremien. Ihre Aufgabe war es, die Vorschriften für Bau und Betrieb der Kessel weiter zu entwickeln und entsprechende behördliche Bestimmungen vorzubereiten. So hat auch der Deutsche Dampfkessel- und Druckgefäß-Ausschuß als letzte Vorbereitung zur Einführung der Dampfkesselverordnung alle bestehenden Vorschriften und Entwürfe über Errichtung und Betrieb der Kessel zu den *Technischen Regeln für Dampfkessel (TRD)* umgearbeitet, so daß in der *Allgemeinen Verwaltungsvorschrift zur Dampfkesselverordnung vom 8. 9. 1965* darauf Bezug genommen werden konnte. Es war eine wesentliche Voraussetzung für die Veröffentlichung der Dampfkesselverordnung.

Neben der von Anfang an geltenden Bestimmung, daß *eine Dampfkesselanlage einer Genehmigung und vor Inbetriebnahme einer Abnahmeprüfung bedarf*, wurde die Forderung auf *laufende Überwachung* erst 1865 (äußere Untersuchung) bzw. 1872 (auch innere Untersuchung und

Wasserdruckprobe) erhoben. Nachdem anfangs nur Kreisbaubeamte für diese Untersuchungen zuständig waren, konnten ab 1872 auch die inzwischen gegründeten *Dampfkesselüberwachungsvereine — (Dampfkessel-Revisionsvereine)* — bei ihren Mitgliedern die Untersuchungen mit amtlicher Gültigkeit durchführen, auch nachdem 1880 die Gewerbeaufsichtsämter mit der Dampfkesselüberwachung betraut wurden. Das damals aus verschiedenen Gründen zugestandene *Recht der privatwirtschaftlichen Selbstverwaltung* wird noch heute ausgeübt (ausgenommen Land Hessen und Stadt Hamburg) und hat sich bewährt, besonders im Zeichen einer schnellen technischen Entwicklung [4].

Die *Gewerbeordnung* in ihrer heutigen Fassung (Anfang 1968) wird in den für das Dampkesselwesen entscheidenden Paragraphen 24, 24a, 24b, 24c und 24d bestimmt durch das *Gesetz zur Änderung der Titel I bis IV, VII und X der Gewerbeordnung vom 29. 9. 1953* (BGBl. I S. 1459/62).

Ohne den vollständigen Gesetzestext hier wiederzugeben besagt der § 24 (bis einschl. 24d) für das Dampfkesselgebiet im wesentlichen folgendes:

Dampfkesselanlagen werden mit Rücksicht auf ihre Gefährlichkeit in die Gruppe der überwachungsbedürftigen Anlagen eingereiht.

Damit wird die Bundesregierung ermächtigt, zum Schutze der Beschäftigten und Dritter durch Rechtsverordnung zu bestimmen,

daß Errichtung und Inbetriebnahme neuer, sowie Änderung bestehender Anlagen unter Beifügen entsprechender Unterlagen anzuzeigen sind;

daß Errichtung, Betrieb und Änderung von Anlagen einer behördlichen Erlaubnis[1]) *bedürfen;*

daß Herstellung, Bauart und Werkstoff, Errichtung, Ausrüstung und Betrieb bestimmten Anforderungen

1) Erlaubnis bedeutet eine widerrufliche Befugnis, aber kein Recht.

(technischen Vorschriften), die nach Vorschlag eines besonderen Ausschusses aufgestellt werden, genügen müssen;

daß die Anlagen einer Prüfung vor Inbetriebnahme, regelmäßig wiederkehrenden Prüfungen im Betrieb und besonderen Prüfungen auf behördliche Anordnung zu unterziehen sind;

die Höhe der Gebühren[1]*), die der Eigentümer der Anlage und solche Personen, die Anlagen herstellen und betreiben, für die einzelnen Prüfungen zu entrichten haben;*

daß ein technischer Ausschuß einzusetzen ist, der die Bundesregierung oder den zuständigen Bundesminister, besonders in technischen Fragen, berät und dem Stand von Wissenschaft und Technik entsprechende Vorschriften vorschlägt.

Der Geltungsbereich der Verordnung erstreckt sich außer auf *gewerbliche Anlagen* auch auf solche, die im Rahmen *wirtschaftlicher Unternehmungen* Verwendung finden oder soweit es der *Arbeitsschutz* erfordert. Nicht einbezogen werden Anlagen für den Betrieb der Deutschen Bundesbahn und Energieanlagen nach dem Energiewirtschaftsgesetz (Reichsgesetzblatt I 1935 S. 1451).

Die der Bundesregierung erteilte Ermächtigung kann sie durch Rechtsverordnung ganz oder teilweise auf den zuständigen Bundesminister übertragen[2]). Die zu erlassenden Rechtsverordnungen bedürfen der *Zustimmung des Bundesrates* und müssen im Bundesanzeiger veröffentlicht werden. Im Bundesgesetzblatt muß ein Hinweis gebracht werden.

Die Aufsicht über die Durchführung der Rechtsverordnungen obliegt den *Gewerbeaufsichtsbehörden* **(§ 24d GewO).** Sie können die Stillegung oder Beseitigung einer

---

1) Verordnung über Gebühren s. Abschn. 5.2.2.

2) Durch Beschluß des Bundeskabinetts v. 27. 7. 1951 wurde dem Bundesminister für Arbeit und Sozialordnung die Federführung übertragen.

Anlage anordnen, die ohne die erforderliche Erlaubnis errichtet worden ist oder betrieben wird. Sie können bestimmen, daß der Betrieb eingestellt wird bis der den Vorschriften entsprechende Zustand der Anlage hergestellt ist **(§ 24a GewO).**

Die vorgeschriebenen *Prüfungen* der Anlagen müssen von *amtlichen oder amtlich anerkannten Sachverständigen* durchgeführt werden. Diese sind in *technischen Überwachungsorganisationen* zusammenzufassen. Der Bundesminister für Arbeit und Sozialordnung bestimmt die an die Sachverständigen zu stellenden Anforderungen und kann Vorschriften erlassen über Sammlung und Auswertung der gesammelten Erfahrungen **(§ 24c GewO,** s. Abschnitt 1.4 dieses Bandes).

Nach **§ 24b der GewO** sind den Sachverständigen zwecks *Durchführen der vorgeschriebenen oder behördlich angeordneten Prüfungen die Anlagen,* in denen Dampfkessel hergestellt oder betrieben werden, *zugänglich zu machen.* Die erforderlichen Arbeitskräfte und Hilfsmittel sind bereitzustellen und die erforderlichen Unterlagen vorzulegen. Auf die entsprechende *Einschränkung der Rechte nach Art. 13 des GG* wird verwiesen.

§ 25 der GewO (in der Fassung des Gesetzes zur Änderung der Gewerbeordnung und Ergänzung des Bürgerlichen Gesetzbuches vom 22. 12. 1959, BGBl. I S. 781/83) bestimmt über die *Dauer der Gültigkeit der erteilten Erlaubnis,* daß sie in Kraft bleibt, so lange keine Änderung in der Lage oder Beschaffenheit der Betriebsstätte erfolgt. Wechsel des Besitzers hat keinen Einfluß auf die Gültigkeit der Erlaubnis. Weitere Bestimmungen über die Möglichkeit nachträglicher Forderungen bei Anlagen, die unter § 16 GewO fallen, s. unter Abschn. 1.7 dieses Bandes.

In **§ 26 der GewO** ist allgemein festgelegt, daß zur *Abwehr benachteiligender Einwirkungen auf ein Nachbargrundstück* der Benachteiligte im Wege einer Privatklage nicht auf Widerruf einer behördlichen Genehmigung oder

Erlaubnis klagen kann, sondern nur auf Herstellung von Einrichtungen, die die benachteiligende Wirkung ausschließen oder auf Schadloshaltung.

Besondere *Strafbestimmungen* sind festgelegt in **§ 145 der GewO** für die Sachverständigen (Verletzung der Geheimhaltungspflicht) und in **§ 147 der GewO** für die Betreiber der Anlagen.

1.2. Dampfkesselverordnung — DampfkV — vom 8. 9. 1965 (Rechtsverordnung). Nachdem die aufgetretenen Schwierigkeiten, im wesentlichen juristischer Art, überwunden waren, wurde die seit Jahren erwartete

Verordnung über die Errichtung und den Betrieb von Dampfkesselanlagen (Dampfkesselverordnung — DampfkV) vom 8. September 1965

verkündet (BGBl. I S. 1300/09) und trat mit dem 1. 3. 1966 in Kraft. Sie beginnt mit dem einleitenden und auf die Grundlagen hinweisenden Satz: *Auf Grund des § 24 und des § 24d Satz 3 der Gewerbeordnung verordnet die Bundesregierung mit Zustimmung des Bundesrates:*

In § 1 werden für den *sachlichen Geltungsbereich* aufgeführt: *Gewerbliche Anlagen, wirtschaftliche Unternehmungen* und Anlagen, in deren *Gefahrenbereich Arbeitnehmer* beschäftigt werden. Vom Geltungsbereich der Verordnung ausgenommen werden: Binnenschiffe mit fremdem Heimathafen; Seeschiffe; probeweiser Betrieb im Herstellerwerk oder einer Erprobungsstelle der Bundeswehr; *durch Dämpfe oder heiße Flüssigkeiten beheizte Dampfkessel; Anlagen, die mit der Reaktionswärme, die bei einem chemischen Herstellungsverfahren abgeführt werden muß,* beheizt werden; Anlagen der Bundeswehr mit Bedienung durch Soldaten.

§ 2 enthält die *Begriffsbestimmungen für Dampfkessel und Dampfkesselanlage.* Für den Dampfkessel lautet sie gemäß Absatz 2:

Dampfkessel im Sinne dieser Verordnung sind Behälter oder Rohranordnungen, in denen

1. *Wasserdampf von höherem als atmosphärischen Druck zum Zwecke der Verwendung außerhalb der Dampfkesselanlage erzeugt wird (Dampferzeuger) oder*
2. *Heißwasser von einer höheren Temperatur als der dem atmosphärischen Druck entsprechenden Siedetemperatur zum Zwecke der Verwendung des Heißwassers außerhalb der Dampfkesselanlage erzeugt wird (Heißwassererzeuger).*

Zum Dampfkessel gehören im wesentlichen alle mit dem Druckraum unabsperrbar verbundenen Teile *einschließlich der Gehäuse der Absperrorgane.*

Die zur *Dampfkesselanlage* gehörenden Einrichtungen werden im einzelnen aufgeführt. Im wesentlichen sind es die mit dem Kessel verbundenen oder im Kesselraum aufgestellten und die für den Kesselbetrieb erforderlichen Einrichtungen, zu denen auch alle außerhalb des Kesselaufstellungsraumes befindlichen *Einrichtungen zur Lagerung, Aufbereitung und Zuleitung von leicht entzündlichen und allen staubförmigen, flüssigen und gasförmigen Brennstoffen* gehören.

In den §§ 3 und 4 wird eine Einteilung der Dampfkesselanlagen und der Dampfkessel nach folgenden Übersichten vorgenommen.

Dampfkesselanlage

Landdampfkesselanlage — Binnenschiffskesselanlage

Landdampfkesselanlage: feststehende Landdampfkesselanlage — Bewegliche Landdampfkesselanlage

Bei der Einteilung der Dampfkessel ist gegenüber den bisherigen Festlegungen unter dem Begriff *Kleindampf-*

kessel eine Gruppe von Kesseln erfaßt, für die auf Grund ihres konstruktiven Aufbaues Erleichterungen möglich waren.

Dampfkessel

Hochdruckdampfkessel		**Niederdruckdampfkessel**	
Dampf-erzeuger	Heißwasser-erzeuger	Dampf-erzeuger	Heißwasser-erzeuger
$p > 0{,}5$ atü	$t < 110\ °C$	$p \leqq 0{,}5$ atü	$t \leqq 110\ °C$

Kleindampfkessel

Dampferzeuger $I \leqq 35\ l$ Heißwassererzeuger

und

$p \cdot I \leqq 50$ (Elektrodenkessel $p \cdot I \leqq 200$)	oder	beheizt. Teil aus Rohren $d_a \leqq 32$ mm und $p \cdot I \leqq 200$	oder	nur Rohre $d_a \leqq 32$ mm

§ **5** enthält die Begriffsbestimmungen für *Wasserinhalt* (I in l bis N—W, vollgefüllt bei Heißwassererzeugern ohne Dampfraum im Kessel), *höchstzulässigen Betriebsdruck* (p in atü, bei Kleindampfkesseln als Heißwassererzeuger der zur höchstzul. Vorlauftemp. gehörige Sättigungsdruck) und *höchstzulässige Vorlauftemperatur* (t in °C bei Heißwassererzeugern).

§ **6** enthält die Forderung, daß Dampfkesselanlagen nach *besonderen Vorschriften* und im übrigen nach den *allgemein anerkannten Regeln der Technik*[1]) errichtet und betrieben werden müssen. Die besonderen Forderungen sind in einem *Anhang* (*zu § 6 der Dampfkesselverordnung*) zusammengestellt, weil sie über den grundsätzlichen Rahmen einer Verordnung hinausgehen. Diese für Werkstoffe, Herstellung, Ausrüstung und Aufstellung der

Dampfkessel besonders wichtigen Forderungen finden ihren Niederschlag in den TRD (s. Abschn. 1.4 dieses Bandes). Der Hinweis auf die anerkannten Regeln der Technik soll für Zweifelsfragen gelten und auch für im Zuge der Entwicklung auftretende Fragen eine Entscheidung ermöglichen ohne erst eine Regelung durch Ergänzung der Verordnung abwarten zu müssen.

§§ 7, 8 und 9 enthalten Festlegungen über *zusätzliche Anforderungen oder mögliche Erleichterungen* und über Anlagen des Bundes.

§ 10 bestimmt, daß die *Errichtung und der Betrieb* einer Dampfkesselanlage der *Erlaubnis der nach Landesrecht zuständigen Behörde (Erlaubnisbehörde)* bedürfen. Er enthält Angaben über die mit dem Antrag dem Sachverständigen zur Prüfung einzureichenden Unterlagen und über die *Voraussetzungen zur Erlaubniserteilung.* Die Erlaubnis ist im allgemeinen an den in den Erlaubnisunterlagen besonders festgelegten Aufstellungsort gebunden. Ohne Bezug auf einen bestimmten Aufstellungsort wird sie erteilt für bewegliche Dampfkesselanlagen und für Landdampfkesselanlagen, bei denen $I \leqq 150\, l$ und $p \leqq 10$ atü und $p \cdot I \leqq 500$. Der Erlaubnis bedürfen nicht Anlagen der Deutschen Bundespost, der Wasser- und Schiffahrtsverwaltung des Bundes, der Bundeswehr.

§ 11 regelt das *Erlaubnisverfahren in Sonderfällen* (Erlaubnis mit Vorbehalten, befristete Betriebserlaubnis), wenn z. B. eine neuartige Anlage vorliegt, die endgültige Ausführung der Anlage erst nach einer gewissen Erprobung festgelegt werden kann oder die Antragsunterlagen aus besonderen Gründen noch nicht fertiggestellt werden konnten.

---

1) „Regeln der Technik sind dann allgemein anerkannt, wenn die Fachleute, die sie anzuwenden haben, davon überzeugt sind, daß die betr. Regeln den sicherheitstechnischen Anforderungen entsprechen. Die technische Regel muß in der Fachpraxis erprobt und bewährt sein. Es ist unerheblich, ob einzelne Fachleute oder eine kleine Gruppe von Fachleuten die Regel nicht anerkennen oder überhaupt nicht kennen. Maßgebend ist die Durchschnittsmeinung, die sich in den Fachkreisen gebildet hat" (aus Begründung zur DampfkV).

§ 12 enthält die Bedingungen, unter denen bei *Niederdruckdampfkesseln* mit Feuerungswärmeleistungen der Gesamtanlage $< 800\,000$ kcal/h und bei *Kleinkesseln* mit $I > 10$ l auf das Erlaubnisverfahren verzichtet wird und *eine Anzeige ausreichend ist.* Kleindampfkessel mit $I \leq 10$ l bedürfen unter bestimmten Voraussetzungen weder Erlaubnis noch Anzeige.

§ 13 besagt, daß bei *wesentlichen Änderungen* an einer Dampfkesselanlage die §§ 10 bis 12 anzuwenden sind. Der Begriff der wesentlichen Änderung wird in einer *Allgemeinen Verwaltungsvorschrift* (s. Abschnitt 1.3 dieses Bandes) erläutert.

§ 14 regelt das *Verfahren der Bauartzulassung,* wie es in ähnlicher Weise bisher bereits bei den Niederdruckdampfkesseln gehandhabt wurde, dehnt es aber auch auf Kleindampfkessel aus. Dieser Paragraph trat schon am Tage nach der Verkündung der Verordnung in Kraft, um die erforderlichen Vorarbeiten zu ermöglichen. Zulassung des vom Sachverständigen geprüften Dampfkessels oder Dampfkesselteiles erfolgt *nach Stellungnahme des DDA* (s. § 31) *durch die für den Herstellungsbetrieb nach Landesrecht zuständige Behörde.*

§ 15 legt Umfang und Art der *vor Inbetriebnahme* einer neu errichteten oder einer geänderten Dampfkesselanlage *durchzuführenden Prüfungen* und ggf. mögliche Ausnahmen fest. Es handelt sich um die *Bauprüfung und Wasserdruckprüfung* des Dampfkessels und die *Abnahmeprüfung* der Dampfkesselanlage im Betrieb.

In den §§ 16, 17 und 18 sind Art und Fristen der *wiederkehrenden Prüfungen* festgelegt, wie sie an Dampfkesselanlagen durchgeführt werden müssen, die nach Abschluß der Prüfungen gemäß § 15 ordnungsgemäß in Betrieb gegangen sind. Besondere Festlegungen werden getroffen für die Prüfungen vor Wiederinbetriebnahme von Dampfkesseln, bei denen wiederkehrende Prüfungen wegen *Stillstandzeiten* nicht termingerecht durchgeführt wurden. Im allgemeinen betragen die Fristen für

äußere Prüfung	1 Jahr (möglichst im Betrieb)
innere Prüfung	3 Jahre, Schiffskessel 2 Jahre
Druckprüfung	9 Jahre, Schiffskessel 8 Jahre

§ 19 behandelt die innerhalb der Hochdruckdampfkessel vorgesehene Gruppe der

Dampferzeuger mit einem höchstzulässigen Betriebsdruck von nicht mehr als 1,5 Atmosphären Überdruck oder Heißwassererzeuger mit einer höchstzulässigen Vorlauftemperatur von nicht mehr als 130 °C

(1,5 atü/130 °C-Kessel). Bei einem Druckliterprodukt $(p \cdot I) \leqq 10\,000$[1]) *und Bauartzulassung* können Bauprüfung, Wasserdruckprüfung und die wiederkehrenden inneren und Wasserdruckprüfungen entfallen. Weitere Erleichterungen hinsichtlich Ausrüstung und Aufstellung sind in den TRD (s. Abschn. 1.4 dieses Bandes) festgelegt.

Wie bei den einzelnen Kesselarten hinsichtlich Erlaubnis oder Anzeige verfahren werden kann und welche Prüfungen an den Kesseln und Kesselanlagen erforderlich sind, ist in Tab. 1.1 nochmals zusammengestellt.

---

1) Bei Heißwassererzeugern ist p der zur höchstzulässigen Vorlauftemperatur gehörige Sättigungsdruck; der statische Wasserdruck darf nicht mehr als 5 atü betragen.

+	Prüfung durch Sachverständigen
—	nicht möglich / nicht erforderlich
×	erforderlich
A	Aufstellerbescheinigung, daß die Anlage der DampfkV entspricht
D	Hersteller- oder Aufstellerbescheinigung über Druckprüfung
HB	Herstellerbescheinigung über Wasserdruckprüfundg und Übereinstimmung mit Bauartzulassung
HD	Herstellerbescheinigung über Wasserdruckprüfung
HV	Herstellerbescheinigung, daß Kleindampfkesselanlage der DampfkV entspricht
F	Fabrikschild mit vollständigen Angaben nach § 12 DampfkV
ΣQ	in kcal/h Feuerungsleistung aller Kessel einer Anlage

Tab. 1.1. Erlaubnis, Anzeige und Prüfung von Dampfkesselanlagen nach der Dampfkesselverordnung v. 8. 9. 1965

Dampfkesselanlage mit		Erlaubnis, § 10	Anzeige, § 12	Bauartzulassung, §§ 14, 19	Prüfungen: Prüfungen vor Inbetriebnahme, § 15: Bau-Prfg.	Druckprüfung	Abnahme-Prüfung	Prüfungen: Wiederkehrende Prüfungen; §§ 16, 17: Äußerere Prüfung	Innere Prüfung	Druckprüfung
Hochdruckdampfkessel §§ 4 (19)	Landdampfkessel	+	—	—	+	+	+	1 Jahr	3 Jahre	9 Jahre
	Binnenschiffskessel	+	—	—	+	+	+	1 Jahr	2 Jahre	8 Jahre
	1,5 atü/130 °C-Kessel, § 19	+	—	+	HB		+	1 Jahr	—	—
Niederdruckdampfkesseln; §§ 4, 12	$\sum Q < 800000$ kcal/h	+	—	—	+	+	+	—	—	—
		—	×	+	HB		A	—	—	—
	$\sum Q \geqq 800000$ kcal/h	+	—	—	+	+	+	—	—	—
		+	—	+	HB		+	—	—	—
Kleindampfkessel §§ 4, 12	$I \leqq 10\,l$	—	—	—	F	HD	HV	—	—	—
	$I > 10\,l \leqq 35\,l$	+	—	—	+	D	+	—	—	—
		—	×	+	HB		A	—	—	—

Die §§ 20, 21 und 22 enthalten Bestimmungen über *Prüfungen in Sonderfällen,* z. B. bei Schadensfällen, Instandsetzungen oder sonstigen besonderen Anlässen und die Pflichten des Betreibers in solchen Fällen (Anzeige des Schadens, Wiederinbetriebnahme erst nach Prüfung durch Sachverständigen).

§ 23 legt fest, in welchem Rahmen der Sachverständige *Bescheinigungen über die durchgeführten Prüfungen* auszustellen und ggf. die Aufsichtsbehörde zu benachrichtigen hat.

In § 24 wird bestimmt, daß derjenige, der die Kesselanlage betreibt, die festgelegten oder besonders angeordneten Prüfungen zu veranlassen hat.

In § 25 wird festgelegt, daß als *Sachverständige* die in § 24c, Abs. 1 und 2 der GewO bezeichneten Sachverständigen gelten, es sind also die amtlichen oder *amtlich anerkannten Sachverständigen* (s. Abschnitte 1.1 und 1.6 dieses Bandes).

Nach § 26 ist bei Mängeln, die eine *Gefährdung der Beschäftigten oder Dritter* bedeuten, die Dampfkesselanlage außer Betrieb zu nehmen.

§ 27 besagt, daß bei Hochdruckdampfkesselanlagen (ausgenommen Kleindampfkessel) ein *Kesselwärter* zu bestellen ist und legt dessen Aufgaben fest. Hierzu gehört auch die *Beaufsichtigung der Anlage solange sie beheizt ist.* Der sich daraus ergebende Personalaufwand kann bei Ausrüstung der Kessel mit zusätzlichen Sicherheitseinrichtungen entsprechend dem Stand der Technik verringert werden. Eingehende Festlegungen hierzu sind in den TRD, Gruppe 600, getroffen.

§ 28 enthält Vorschriften über die Anwendung von *Kesselsteinlöse- und Kesselsteingegenmitteln.* Auch dieser Paragraph trat am Tage nach der Verkündung der Verordnung in Kraft.

§ 29 lautet: Wer eine Dampfkesselanlage betreibt, hat jeden *Unfall* im Zusammenhang mit dem Betrieb der

Anlage, *bei dem ein Mensch getötet oder der Körper oder die Gesundheit eines Menschen verletzt worden ist,* der Aufsichtsbehörde, der zuständigen Technischen Überwachungsorganisation und dem zuständigen Träger der gesetzlichen Unfallversicherung unverzüglich anzuzeigen. Dies gilt nicht für Anlagen der Bundeswehr.

§ 30 regelt die Aufsicht über Anlagen des Bundes.

§ 31 enthält die Festlegungen über die Bildung und Zusammensetzung des nach § 24 GewO einzusetzenden *technischen Ausschusses,* der als der *Deutsche Dampfkesselausschuß* (*DDA*) bezeichnet und beim Bundesminister für Arbeit und Sozialordnung gebildet wird. Über die Tätigkeit des Ausschusses, die für die praktische Anwendung der Verordnung von besonderer Wichtigkeit ist, wird an dieser Stelle nichts gesagt (s. aber Allgemeine Verwaltungsvorschrift, Abschn. 1.3 dieses Bandes). Auch der § 31 trat am Tage nach der Verkündung der Verordnung in Kraft.

§§ 32, 33, 34 und 35 enthalten formale Bestimmungen über die Anwendung der Verordnung auf *bestehende Anlagen,* über Straftaten, über die Geltung in Berlin und über das Inkrafttreten. Die am 20. 12. 1954 verkündete

Verordnung über die Erlaubnis zur Errichtung und zum Betrieb von Dampfkesselanlagen

galt von Anfang an als Provisorium zum Überbrücken einer Gesetzeslücke und ist außer Kraft.

Eine Ergänzung der DampfkV ist vorgesehen zur Einbeziehung der Seeschiffskessel und zu einer Regelung auf dem Gebiet der geschlossenen Warmwasser-Heizungsanlagen.[1])

---

1) In geschlossenen Warmwasser-Heizungsanlagen mit tiefliegendem Ausdehnungsgefäß mit Gaspolster kann eine höhere Temperatur erreicht werden als die Sättigungstemperatur bei Atmosphärendruck. Da diese Anlagen aber höchstens mit 95 °C Vorlauftemperatur betrieben werden, fallen sie nach § 2 Absatz 2 Nr. 2 nicht in den Geltungsbereich der Verordnung in der Fassung vom 8. 9. 1965, sofern durch zuverlässige Temperaturregler und -begrenzer das Überschreiten einer Vorlauftemperatur von 100 °C sicher verhindert ist.

1.3. Allgemeine Verwaltungsvorschrift zu verschiedenen Paragraphen der Dampfkesselverordnung. *Nach Art. 83 GG ist die Durchführung der Bundesgesetze eigene Angelegenheit der Länder.* Die damit mögliche unterschiedliche Auslegung der DampfkV würde zu erheblichen Schwierigkeiten führen. Deshalb wurde, wie es in der Präambel heißt,*nach Artikel 84 Abs. 2 des Grundgesetzes mit Zustimmung des Bundesrates* folgende

Allgemeine Verwaltungsvorschrift zu den §§ 6, 7, 8, 10, 13 und 14 der Verordnung über die Errichtung und den Betrieb von Dampfkesselanlagen vom 8. September 1965 erlassen (Bundesanz. Nr. 175 vom 17. 9. 1965).

In dieser Vorschrift sind als Auslegung der oben bezeichneten Paragraphen die Voraussetzungen zusammengestellt, unter denen *eine beantragte Erlaubnis zu erteilen oder einem Antrag auf Bauartzulassung zu entsprechen ist.* Im wesentlichen enthält die Vorschrift folgendes:

1. Anforderungen an Dampfkesselanlagen. Nr. 1.1 enthält die äußerst wichtige Bestimmung, daß diese *Anforderungen des § 6 der DampfkV,* Allgemeine Vorschrift über Errichtung und Betrieb (zusammengestellt in einem besonderen Anhang), *als erfüllt anzusehen ist, soweit die Dampfkesselanlage den vom Deutschen Dampfkesselausschuß (DDA) aufgestellten Technischen Regeln (TRD) entspricht, die vom Bundesminister für Arbeit und Sozialordnung im Bundesarbeitsblatt, Fachteil „Arbeitsschutz", veröffentlicht worden sind.* Das Gleiche gilt nach Nr. 1.2 für *Zulassung der Bauart eines Dampfkessels.* Die Befugnisse der Zulassungsbehörde bezüglich weitergehender Anforderungen oder Ausnahmen entsprechend den §§ 7 und 8 der DampfkV bleiben unberührt.

Diese Regelung, die man wohl als die wichtigste Neuerung auf dem Gebiet der Dampfkesselbestimmungen bezeichnen kann, gibt endlich die Möglichkeit, die Einzelbestimmungen im Rahmen der geltenden Verordnung dem

Stand der Technik anzupassen (Änderung der TRD durch den DDA) ohne den umständlichen und zeitraubenden Weg über die Gesetzgebung beschreiten zu müssen. Die Beschlüsse des DDA verstoßen auch nicht dagegen, daß Durchführen der Bundesgesetze eigene Angelegenheit der Länder ist, weil im DDA unter anderem alle zuständigen Ministerien der Länder vertreten und an der Beschlußfassung beteiligt sind.

Nr. 1.3 der Vorschrift lautet: Soweit in der DampfkV über bauliche Anlagen nichts bestimmt ist, müssen die ihr unterliegenden Anlagen *den Vorschriften des Bauaufsichtsrechts entsprechen.*

2. Antragsunterlagen. Hier ist festgelegt, daß beim Stellen eines Erlaubnisantrages bestimmte Vordrucke verwendet und weitere besonders aufgezählte Unterlagen über die Kesselanlage zusammen mit dem formlosen Antrag eingereicht werden müssen.

3. Vorprüfung der Unterlagen durch den Sachverständigen. Die Aufgabe des Sachverständigen bei der Prüfung des Antrages wird wie folgt umrissen: Für *Vervollständigung und Berichtigung der eingereichten Unterlagen* sorgen. *Rechnerische Prüfung der druckbeanspruchten, besonders bezeichneten Anlageteile.* Prüfen der *Vollständigkeit der Angaben über Herstellung und Betrieb. Prüfen der Konstruktion und der vorgesehenen Betriebsweise.* Der Erlaubnisbehörde diejenigen *Prüfungen mitteilen, die noch von anderen Stellen durchzuführen sind.* Der Erlaubnisbehörde *Auflagen und Bedingungen vorschlagen,* die für die Erlaubnis zur Errichtung und Inbetriebnahme der Anlage für erforderlich gehalten werden.

4. Erteilung der Erlaubnis. Dieser Abschnitt enthält Angaben über die Form der Erteilung der Erlaubnis durch die Behörde.

5. Wesentliche Änderung. Hier ist festgelegt, was als *wesentliche Änderung* betrachtet wird und wie

bei einem entsprechenden Antrag zu verfahren ist. *Wesentliche Änderungen bedürfen stets der Erlaubnis der zuständigen Behörde* (Gewerbeaufsichtsamt).

1.4. Technische Regeln für Dampfkessel (TRD). Nach der Allgemeinen Verwaltungsvorschrift, Abschnitt 1.1, sind die Anforderungen des § 6 der DampfkV über Errichtung und Betrieb als erfüllt anzusehen, wenn die Dampfkesselanlage den vom Deutschen Dampfkesselausschuß (DDA) aufgestellten *Technischen Regeln für Dampfkessel (TRD)* entspricht. Mit diesen Regeln stehen sowohl dem Hersteller für den Entwurf als auch dem Sachverständigen bei der Prüfung des Erlaubnisantrages eindeutige und gleiche Unterlagen zur Verfügung. Entsprechend den verschiedenen zu berücksichtigenden Gesichtspunkten sind die Regeln in Gruppen eingeteilt. Die bisher erschienenen Regeln sind im Abschnitt 5.4 zusammengestellt. Eine Besprechung der einzelnen Regeln ist im Rahmen dieses Bandes nicht möglich. *Gültig ist jeweils die neueste Ausgabe, wie sie vom Bundesminister für Arbeit und Sozialordnung im Bundesarbeitsblatt, Fachteil Arbeitsschutz, veröffentlicht worden ist.* Sofern keine besonderen Festlegungen erfolgen, können neue TRD oder Neuausgaben sofort nach Erscheinen, müssen aber spätestens 1 Jahr nach Erscheinen angewendet werden. In den Berechnungsbeispielen wird jeweils auf die einzelnen Blätter verwiesen.

Auch auf internationaler Ebene bemüht man sich um entsprechende allgemein gültige Regelungen, um den Austausch von Wirtschaftsgütern über die Landesgrenzen hinweg zu erleichtern. Für einen *ISO-Boiler-Code* liegt der Entwurf Juni 1963 beim ISO-Generalsekretariat (Genf) zur Vorbereitung einer ISO-Empfehlung.

Wenn für bestimmte Fälle (neue Werkstoffe, Konstruktionselemente oder Ausrüstungsteile) in den TRD keine Angaben enthalten sind, gelten die *allgemein anerkannten Regeln der Technik*[1]). Es ist auch zulässig von den

TRD abzuweichen, wenn die diesbezüglichen Forderungen sinngemäß erfüllt sind oder die Sicherheit auf andere Weise gewährleistet ist und nicht gegen die allgemein anerkannten Regeln der Technik verstoßen wird.

In den Berechnungsvorschriften wird für Werkstoffe mit ausgeprägter *Streckgrenze* diese als *Festigkeitskennwert* anerkannt. Im allgemeinen wird mit 1,5facher Sicherheit gegen die Warmstreckgrenze ($\sigma_{0,2/t}$) gerechnet, soweit nicht die *Zeitstandfestigkeitswerte* maßgebend sind. Bei zunehmender Verwendung von Werkstoffen mit hohem Verhältnis Streckgrenze zu Zugfestigkeit ($\sigma_S/\sigma_B > 0{,}7$) wird eine Ergänzung der Vorschriften notwendig werden, weil sonst die Sicherheit gegen Trennbruch zu gering wird. Im Entwurf des ISO-Boiler-Code sind diese Verhältnisse bereits berücksichtigt. Im Geltungsbereich der TRD erfolgt es vorerst durch Vereinbarungen zwischen den beteiligten Stellen.

1.5. Richtlinien für Dampfkessel. Für einige Ausrüstungsteile der Dampfkesselanlagen sind in der DampfkV keine besonderen Anforderungen (wie z. B. im Anhang zu § 6) festgelegt. Andererseits ist es aber für den Ersteller der Anlage und bei Bearbeitung des Erlaubnisantrages wünschenswert, daß gewisse einheitliche Forderungen gestellt werden. In diesen Fällen werden die anerkannten Regeln der Technik in *Richtlinien für Dampfkessel* zusammengestellt. Sie werden ebenfalls vom DDA bearbeitet, aber ihr Inhalt ist weniger verbindlich und Abweichungen und Änderungen sind leichter möglich. Die bisher erschienenen und in Arbeit befindlichen Richtlinien sind im Abschnitt 5.4 angegeben.

1.6. Verordnungen über die Organisation der technischen Überwachung. Unter Bezug auf § 24c GewO haben in den Jahren 1959 bis 1965 die einzelnen Länder jeweils eine *Verordnung über die Organisation der tech-*

1) S. Fußnote S. 14.

nischen Überwachung erlassen. Darin ist der Status der technischen Überwachungsorganisationen und der von diesen angestellten, *amtlich anerkannten Sachverständigen* festgelegt.

Für die amtlich anerkannten Sachverständigen, die Prüfungen nach der Dampfkesselverordnung und der Verwaltungsvorschrift durchführen, enthält die Verordnung Festlegungen über den Tätigkeitsbereich, die an die Person des Sachverständigen zu stellenden Anforderungen, seine Pflichten im Dienste der Überwachungsorganisation und gegenüber den Anlagenbesitzern, Form der Anerkennung und Verlust der Anerkennung.

Für die *Überwachungsorganisationen* sind die Voraussetzungen für eine Anerkennung durch die Aufsichtsbehörde und die Pflichten gegenüber den von ihr angestellten Sachverständigen aufgeführt. Weiterhin enthält die Verordnung Angaben über Geschäftsführer und Stellvertreter der Überwachungsorganisation, über die für die Untersuchungen festgesetzten Gebühren[1]) und über den Widerruf der Anerkennung.

Aufsichtsbehörde für die technischen Überwachungsorganisationen ist die oberste Arbeitsbehörde des Landes. Diese haben inzwischen nach entsprechendem Antrag die seit langem in ihrem Arbeitsbereich tätigen Technischen Überwachungsvereine (TÜV) anerkannt und die zu führenden Stempel und Siegel festgelegt. In Hamburg und im Land Hessen erfolgt eine staatliche Überwachung durch Beamte (Sachverständige) nach entsprechenden Verordnungen oder Gesetzen. *Prüfungen und Bescheinigungen der in den einzelnen Ländern tätigen Sachverständigen werden gegenseitig anerkannt.* Neben den vorgeschriebenen erstmaligen und wiederkehrenden Prüfungen werden in *Schadensfällen* die erforderlichen Untersuchungen (Schadensfeststellung, Schadensanalyse, Prüfung von Vorschlägen für Instandsetzung oder ggf. Änderung)

---

[1]) Verordnung über die Gebühren s. Abschn. 5.2.2.

durchgeführt und über die Vereinigung der Technischen Überwachungsvereine (VdTÜV) im *Erfahrungsaustausch* zur Unterrichtung aller Sachverständigen (jeweils auch der Kesselhersteller und -betreiber) bekanntgegeben.

Unabhängig von den sonstigen Aufgaben und Tätigkeiten der Technischen Überwachungsvereine führen sie auf dem Kesselgebiet neben den nach der DampfkV vorgeschriebenen Prüfungen auf Antrag des Betreibers auch *Bauüberwachung* durch. Der Bau eines Kessels wird nach einem vereinbarten Plan beim Hersteller und am Aufstellungsort hinsichtlich verwendeter Werkstoffe, Maßhaltigkeit, sachgemäßer Herstellung, Aufstellung und Ausrüstung durch entsprechende Prüfungen überwacht. Weiterhin werden auf dem Kesselgebiet *wärmetechnische Untersuchungen* und *Speisewasseruntersuchungen* durchgeführt.

1.7. § 16 der Gewerbeordung. Eine sehr wichtige Vorschrift, die sowohl von Herstellern als auch Betreibern der Dampfkessel zusätzlich beachtet werden muß, ist die auf Grund der Gewerbeordnung § 16 Absatz 3 Satz 1[1]) erlassene

Verordnung über genehmigungsbedürftige Anlagen nach § 16 der Gewerbeordnung, vom 4. August 1960 (BGBl I S. 690).

Sie besagt, daß im einzelnen aufgezählte 52 verschiedene Anlagearten, *welche durch die örtliche Lage oder die Beschaffenheit der Betriebsstätte für die Besitzer oder Bewohner der benachbarten Grundstücke oder für das Publikum überhaupt erhebliche Nachteile, Gefahren oder Belästigungen herbeiführen können, einer Genehmigung durch die zuständige Behörde bedürfen.*

1.7.1. Reinhaltung der Luft. Bei den Anlagearten werden unter Nr. 1 aufgeführt: *Feuerungsanlagen für feste oder flüssige Brennstoffe mit einer Leistung von 800 000*

1) Fassung nach dem Gesetz zur Änderung der Gewerbeordnung und Ergänzung des Bürgerlichen Gesetzbuches v. 22. 12. 1959 (BGBl. I S. 781/783).

Kalorien und mehr pro Stunde[1]). Das betrifft auch die entsprechenden Feuerungen für Dampfkessel. Für diese wird die Genehmigung im Rahmen des Erlaubnisverfahrens (§ 24 GewO) erteilt.

Die Verordnung sagt aber noch nichts darüber aus, wie die Gefahren und Belästigungen zu bewerten sind und welche Bedingungen und Auflagen zu erfüllen sind, um die Gefahren und Belästigungen so weit zu begrenzen, daß eine Genehmigung erteilt werden kann. Erst in den

Allgemeinen Verwaltungsvorschriften über genehmigungsbedürftige Anlagen nach § 16 der Gewerbeordnung (Technische Anleitung zur Reinhaltung der Luft) vom 8. September 1964[2])

werden Einzelheiten hinsichtlich Reinhaltung der Luft angegeben und Grenzwerte festgelegt. Durch die Form der Verwaltungsvorschrift sind für die Genehmigungsbehörden die Voraussetzungen für Erteilung einer Genehmigung eindeutig festgelegt und bei der Planung einer Anlage können vom Hersteller die erforderlichen Maßnahmen berücksichtigt werden.

Von den möglichen Belästigungen erfaßt diese Vorschrift die *luftverunreinigenden festen, flüssigen und gasförmigen Stoffe, die die natürliche Zusammensetzung der Atmosphäre ändern.* Sie werden als *Emissionen* bezeichnet, wenn sie die Anlage verlassen und in die Atmosphäre gelangen. *Immissionen* sind die luftverunreinigenden Stoffe, die in der Nähe der Einwirkungsstelle *(Immissionsniveau* im allgemeinen 1,5 m über Erdboden oder der oberen Begrenzung der Vegetation oder in 1,5 m Abstand von der Oberfläche eines Bauwerkes) auftreten[3]).

Die Emissionen sind durch den jeweiligen Stand der Technik entsprechende Einrichtungen, *soweit wie wirt-*

---

[1]) Gemeint sind 800 000 kcal/h.
[2]) Gemeinsames Ministerialblatt (GMBl.) Ausgabe A Nummer 23 S. 433.

schaftlich überhaupt vertretbar, zu begrenzen. Die Emissionsgrenzwerte sind festgelegt

für die *Rauchfahnen aus Feuerungsanlagen (dunkler* Rauch) nach der *Ringelmann-Skala*[4])

für *staubförmige Emissionen* (Kohlefeuerungen) in mg/m^3 Abgas nach einem besonderen Diagramm in Abhängigkeit vom stündlichen Gasvolumen und unterschieden nach Gesamtstaub und Feinstaub ($<$ 10 µm Korngröße)

für *Staub und Ruß aus Ölfeuerungen als Schwärzungsgrad* gemessen nach der Filterpapiermethode nach *Bacherach*[5]).

Emissionen sind eine Frage der technischen Ausrüstung einer Anlage in sich. Immissionen sind darüber hinaus abhängig von dem Standort der Anlage (Vor- oder Grundbelastung), der Höhe des Schornsteins unter Berücksichtigung der Höhe des Immissionsniveaus und der Rauchgas-Austrittsgeschwindigkeit (Verteilung der Emission auf verschieden große Flächen). Da Schäden und Belästigungen von der Immission abhängen, sind in der „Technische Anleitung zur Reinhaltung der Luft" entsprechende *Grenzwerte* festgelegt worden für

Stäube (mit besonderen Werten für industrielle Ballungsgebiete)

nitrose Gase, Chlor, Schwefelwasserstoff, *Schwefeldioxid.*

---

3) Alle mit dem Problem der Reinhaltung der Luft befaßten Stellen haben sich in der *VDI-Kommission Reinhaltugn der Luft* zusammengeschlossen. Als Arbeitsergebnisse werden VDI-Richtlinien herausgegeben über Meßmethoden, allgemeine Richtwerte, Richtlinien für bestimmte Anlagearten usw. In der Technischen Anleitung zur Reinhaltung der Luft wird auf diese Richtlinien Bezug genommen oder auf sie verwiesen.

4) 5 Schwärzegrade fü individuellene optischen Vergleich.

5) S. DIN 51 402 Bestimmung der Rußzahl in Abgasen von Heizölen und Brenngasen. Übliche Vergleichszahl ist dabei die Bacherach Shell Scale.

Bezüglich der beim Kesselbetrieb besonders interessierenden Schwefeldioxidimmission wird nach Angabe der Immissionsgrenzwerte nur auf die *VDI-Richtlinie 2108*[1]) verwiesen. Genaue Anweisungen werden gegeben für die Ermittlung der *SO_2-Grundbelastung* bestimmter Gebiete (Pegelmessung) und der erforderlichen *Schornsteinmindesthöhe*. Für eine bestimmte Anlage kann auf Grund des Brennstoffdurchsatzes, des Schwefelgehaltes im Brennstoff, der Temperatur der Rauchgase, der örtlichen Witterungsverhältnisse, der Schornsteinbemessungen (Höhe über Gelände, Mündungsquerschnitt) die zu erwartende SO_2-Immission errechnet und unter Berücksichtigung der Grundbelastung festgestellt werden, ob der zul. Grenzwert ggf. überschritten wird. Ist dies der Fall, muß durch größere Schornsteinhöhe, Verwendung schwefelärmerer Brennstoffe oder Verkleinerung der Anlage *die Immission auf das zul. Maß begrenzt werden* ehe eine Genehmigung erteilt werden kann.

Für Gebiete mit *anhaltend austauscharmen Wetterlagen* (Aufhören der natürlichen vertikalen Luftbewegung wegen Umkehr des Temperaturgradienten, *Inversion*) wird die Genehmigung an zusätzliche besondere Bedingungen und Auflagen gebunden.

Die Bestimmungen gelten grundsätzlich für Neuanlagen. Für bestehende Anlagen können sich aus § 25 GewO entsprechende Forderungen ergeben. Nach Absatz 1 dieses Paragraph ist für *Veränderungen der Betriebsstätte und bei wesentlichen Veränderungen im Betrieb der Anlage eine Genehmigung der zuständigen Behörde erforderlich.* Dabei können Forderungen gemäß Technische Anleitung zur Reinhaltung der Luft gestellt werden, die nicht nur den veränderten Teil, sondern die gesamte Anlage betreffen. Nach Absatz 2 *kann die zuständige Behörde nach Errichtung oder Änderung einer Anlage und sodann nach Ablauf von jeweils 5 Jahren anordnen, daß der Unterneh-*

---

1) VDI 2108 Maximale Immission-Konzentration (MIK) Schwefeldioxyd.

mer Art und Ausmaß von Rauch, Ruß, Staub, Gasen, Dämpfen . . ., die von der Anlage ausgehen, durch eine von der obersten Landesbehörde bestimmte Stelle feststellen läßt. Dabei kann auch der Einbau von Meßgeräten zur laufenden Messung erforderlich sein. Werden dabei Werte festgestellt, die besonders für alte Anlagen in Technische Anleitung zur Reinhaltung der Luft festgelegte Werte überschreiten, sollen Maßnahmen angestrebt werden, die einen Zustand ergeben, wie er für Neuanlagen vorgesehen ist. Nach Absatz 3 sollen von der zuständigen Behörde *nachträgliche Anordnungen über Anforderungen an die technischen Einrichtungen und den Betrieb der Anlage gestellt werden, wenn sich nach der Genehmigung ergibt, daß die Besitzer oder Bewohner der benachbarten Grundstücke oder das Publikum überhaupt vor Gefahren, Nachteilen oder Belästigungen durch die Anlage nicht ausreichend geschützt ist.*

Neben den bundesrechtlichen Vorschriften (§ 16 GewO, Technische Anleitung zur Reinhaltung der Luft) können die Länder Einzelanordnungen erlassen zur Durchführung der Bundesvorschriften und zur Berücksichtigung besonderer Umstände und als Rechtsgrundlage für *Bedingungen und Auflagen im Genehmigungsverfahren.*

Die Bestimmungen der Technischen Anleitung zur Reinhaltung der Luft erfassen praktisch nur die industriellen Anlagen mit Feuerungsleistungen über 800 000 kcal/h, für die mit erheblichem finanziellen Aufwand die gestellten Forderungen erfüllt werden. Für die Begrenzung der aus dem *Hausbrand* (kurze Schornsteine, unkontrollierte Feuerführung) und dem *Verkehr* (CO-Gehalt der Abgase) herrührenden Belästigungen, die in bestimmten Gebieten und unter bestimmten Verhältnissen den industriellen Anteil übersteigen, bestehen z. Z. noch keine Vorschriften.

Als Grundlage für weitere bundesrechtliche Vorschriften über Abhilfe- und Vorsorgemaßnahmen hinsichtlich Luftverunreinigung sind nach dem

Gesetz über Vorsorgemaßnahmen zur Luftreinhaltung vom 17. Mai 1965 (BGBl. I S. 413)

für bestimmte Gebiete Messungen über Art und Umfang der gegenwärtigen Verunreinigungen unter den jeweils vorliegenden meteorologischen Verhältnissen durchzuführen.

Die Gebiete werden ohne Rücksicht auf Ländergrenzen vom Bundesminister für Gesundheitswesen durch Rechtsverordnung bestimmt. Das Meßprogramm und das Auswerteverfahren werden im einzelnen durch Verwaltungsvorschriften des Bundesministers für Gesundheitswesen festgelegt. Auf Grund der Meßergebnisse werden Empfehlungen über notwendige Maßnahmen an die Länderbehörden gegeben.

Betriebe und Personen innerhalb der bestimmten Gebiete haben Auskunft zu erteilen und Besichtigungen, Probenahmen und Messungen zu dulden. Falsche Auskünfte oder Verweigern der Prüfungen kann mit Geldstrafen bis 20 000 DM geahndet werden. Die Länder erstatten jährlich dem Bundesminister für Gesundheitswesen Bericht und die Bundesregierung hat ihrerseits dem Deutschen Bundestag und dem Bundesrat über den Stand der Entwicklung der Luftverunreinigungen zu berichten.

Neben weiteren Einzelheiten wurde festgelegt, daß das Gesetz am Tage nach seiner Verkündung in Kraft tritt und daß erstmalig im 2. Jahr nach Inkrafttreten der Rechtsverordnung über die zu erfassenden Gebiete die Berichte an den Bundesminister für Gesundheitswesen, sowie an den Deutschen Bundestag und den Bundesrat zu erstatten sind. Die Rechtsverordnung lag bis Anfang 1968 noch nicht vor.

1.7.2. Lärmbegrenzung. Die Verordnung über genehmigungsbedürftige Anlagen nach § 16 GewO erfaßt die Betriebe nicht nur hinsichtlich Maßnahmen zum Schutz gegen Einwirkungen von Luftverunreinigungen, sondern auch dann, wenn *Maßnahmen zum Schutz gegen Lärm* *gefordert und entsprechende Bedingungen und Auflagen bei Genehmigung der Anlage gestellt werden müssen*[1]). Herstellungsbetriebe mit außergewöhnlicher Lärmemission sind besonders erwähnt, Kesselhäuser vorerst nicht; eine sinngemäße Anwendung festzulegender Grenzwerte ist zu erwarten. Als Lärm wird definiert:

Im Sinne der Gewerbeordnung (Arbeits- und Nachbarschaftsschutz): *Als Lärm gilt jedes Geräusch, das die Allgemeinheit, insbesondere die Nachbarschaft, gefährden oder erheblich benachteiligen oder erheblich belästigen kann.*

Physikalisch nach DIN 1320: *Lärm ist jede Art von Schall, der eine gewollte Schallaufnahme oder die Stille stört, auch Schall, der zu Belästigungen oder Gesundheitsstörungen führt.*

Messen der Lautstärke und Festlegen bestimmter Immisionsgrenzwerte bereitet gewisse Schwierigkeiten *weil die Lautstärke eine subjektiv empfundene Größe ist* und verschiedenen Einflüssen unterliegt. Maßgebend für eine Bewertung des Schalleinflusses ist der *Schalldruck*. Objektive Meßgröße ist der *absolute Schalldruckpegel*, kurz bezeichnet als

$$\text{Schallpegel } L = 20 \cdot \lg \frac{p}{p_0} \text{ dB (Dezibel)}$$

p in N/m² (μbar) *effektiver Schalldruck* in einem anzugebenden Frequenzbereich

$p_0 = 2 \cdot 10^{-5}$ N/m² $= 2 \cdot 10^{-4}$ μbar *Bezugsschalldruck* (Normschall der Frequenz 1000 Hz)

Der Bezugsschalldruck entspricht etwa dem unteren Grenzwert der Schallempfindung des menschlichen Ohres (Hörschwelle, Schwellen-Schalldruck). Der logarithmische Maßstab wurde gewählt, weil der Meßbereich sehr groß, die menschliche Lautstärkeempfindung annähernd dem Logarithmus des Schalldruckes proportional und ein Unterschied von 1 dB gerade

---

1) § 27 GewO enthält Bestimmungen für Anlagen, deren Betrieb mit ungewöhnlichem Geräusch verbunden ist, die aber nicht den §§ 16 bis 25 GewO unterliegen; § 360 Abs. 1 Nr. 11 StGB bedroht die ungebührliche Erregung ruhestörenden Lärms mit Strafe.

noch wahrnehmbar ist. Durch den Faktor 20 sind die Meßwerte als ganze Zahl ohne Dezimalstelle anzugeben. Der zu messende Lautstärkebereich liegt zwischen 0 dB (Hörschwelle) und 120 (130) dB (Schmerzschwelle). Ein Unterschied von 8 dB bis 10 dB wird als Verdoppelung der Lautheit empfunden. Für Anforderungen an Präzisionsschallpegelmesser gilt DIN 45 633.

Wegen unterschiedlicher Empfindlichkeit des menschlichen Ohres für verschiedene Frequenzen (tiefe Töne werden weniger laut empfunden als hohe Töne gleichen Schalldruckpegels; Summierung von Schalldrücken verschiedener Frequenz werden anders empfunden als es der Anzeige des Schallpegelmessers entspricht) ist der objektiv bestimmte absolute Schallpegel kein Maß für den Grad einer möglichen Belästigung oder Gefährdung. Hierfür ist der sog. bewertete Schallpegel maßgebend. Es sind drei international anerkannte Bewertungskurven A, B, C aufgestellt worden, in denen für die einzelnen Frequenzen festgelegt ist, wie ein objektiv gemessener (absoluter) Schallpegel als subjektiv empfunden zu bewerten ist. Wenn der zu messende Schall die Frequenz 1 000 Hz hat, stimmen definitionsgemäß die Zahlenwerte in dB für den absoluten und für alle bewerteten Schallpegel überein. Die für die einzelnen Bewertungskurven festgelegten Abweichungen sind in DIN 45 633 wiedergegeben. Die Wahl der Bewertungskurve hängt von dem maßgebenden Frequenzbereich der Schallquelle ab. Bei Angabe bewerteter Schallpegel wird stets die zugrundegelegte Bewertungskurve angegeben, ggf. in einer Kurzform wie z. B. $L = 40$ dB (A). Im allgemeinen wird die Kurve A zugrunde gelegt. Die Meßgeräte sind meist so ausgerüstet, daß auf die einzelnen Bewertungskurven unmittelbar umgestellt werden kann.

Immissionsgrenzwerte in behördlichen Vorschriften bedürfen einer *eindeutigen medizinischen Begründung*. Da die *subjektive Belästigung* neben persönlicher Veranlagung und Verfassung von der Frequenz, dem Frequenzspektrum, sowie der Dauer und Intensität der Einwirkung des Lärms abhängen, ist es sehr schwer, eindeutige Werte festzulegen. Für technische Messungen im Rahmen der Gewerbeordnung kommt aber nur *ein unmittelbares und von einer Anzahl Vergleichspersonen unabhängiges Meßverfahren in Frage,* wie z. B. der bewertete Schallpegel.

Bei Erteilung der Genehmigung zum Betrieb einer Anlage wird vorausgesetzt, daß sie *dem jeweiligen Stand der Lärmbekämpfungstechnik entsprechend beschaffen und ausgerüstet ist.* Übliche Immissionswerte dürfen außerhalb des Betriebsgrundstückes nicht überschritten werden. Es wird zwischen Wohn- und Industriegebieten unterschieden. Bei Überschreiten eines noch festzulegenden Grenzwertes ist auch mit nachträglichen Anordnungen nach § 25 GewO zu rechnen.

Eine gemäß GewO § 16 Abs. 3 zu erlassende *Verwaltungsvorschrift* liegt noch nicht vor. Sie soll demnächst als *Technische Anleitung zum Schutz gegen Lärm* (TA Lärm) veröffentlicht werden. Als Regel der Technik gilt die *VDI-Richtlinie Beurteilung und Abwehr von Arbeitslärm (VDI 2058).* Darin sind für verschiedene Verhältnisse (Lärm am Arbeitsplatz, Lärmeinwirkung auf die Nachbarschaft) Immissions-Richtwerte noch in DIN-Phon angegeben. Die bisherigen Angaben in DIN-Phon (50 bis 90 am Arbeitsplatz, 35 bis 65 im Abstand von 0,5 m vor dem geöffneten Fenster von Wohnungen, 35 bis 45 in Wohnungen) entsprechen bis etwa 60 DIN-Phon den Werten in dB (A), über 60 DIN-Phon den Werten in dB (B). VDI 2058 soll auf bewertete Schallpegel umgestellt werden, um international vergleichbare Werte zu haben.

Besonders für den Bausektor wurde das *Gesetz zum Schutz gegen Baulärm vom 9. 9. 1965* (BGBl. S. 1214/16) erlassen. Danach haben die Betreiber von Baumaschinen dafür zu sorgen, daß *Geräusche der Maschinen entsprechend dem Stand der Technik verhindert und die Ausbreitung unvermeidbarer Geräusche auf ein Mindestmaß beschränkt wird.* Von einem Technischen Ausschuß müssen noch Emissions- und Immissions-Richtwerte festgelegt werden, deren Einhaltung von den nach Landesrecht zuständigen Behörden überwacht wird. Die Landesbehörden können, je nach örtlichen Gegebenheiten, weitere einschränkende Bestimmungen erlassen.

1.8. Verordnung über brennbare Flüssigkeiten (VbF) und Technische Verordnung über brennbare Flüssigkeiten (TVbF). Soweit Dampfkessel mit Ölfeuerungen betrieben werden, müssen hinsichtlich der Öllagerung auch die Bestimmungen beachtet werden, die eine Gefährdung durch Brand und Explosion verhindern sollen. Im Rahmen der Ermächtigung der Bundesregierung wurde von den mit der Federführung beauftragten Bundesminister für Arbeit und Sozialordnung eine entsprechende Verordnung erlassen. Es gilt die

Verordnung über die Errichtung und den Betrieb von Anlagen zur Lagerung, Abfüllung und Beförderung von brennbaren Flüssigkeiten zu Lande

(Verordnung über brennbare Flüssigkeiten — VbF) vom 18. 2. 1960 (BGBl. I S. 83) in der Fassung vom 10. 9. 1964 (BGBl. I S. 717).

Sie regelt für gewerbliche Anlagen, wirtschaftliche Unternehmungen und im Hinblick auf den Arbeitsschutz im wesentlichen

Anzeigepflichten, Erlaubnisvorbehalte,
von Sachverständigen vorzunehmende Prüfungen,
die Einsetzung eines Technischen Ausschusses
(Deutscher Ausschuß für brennbare Flüssigkeiten — DAbF).

Brennbare Flüssigkeiten im Sinne der Verordnung sind Stoffe mit Flammpunkt[1]*), die bei 35 °C weder fest noch salbenförmig sind, bei 50 °C einen Dampfdruck von 3 kp/cm² oder weniger haben und zu einer der nachstehenden Gruppen gehören.*

---

1) Der Flammpunkt ist die niedrigste Temperatur (bezogen auf einen Druck von 760 Torr), bei der sich in einem geschlossenen Tiegel aus der zu prüfenden Flüssigkeit unter besonders festgelegten Bedingungen (DIN 51 755, 51 758) Dämpfe in solcher Menge entwickeln, daß sich im Tiegel ein durch Fremdzündung entflammbares Dampf-Luft-Gemisch bildet.

Gruppe A

Flüssigkeiten, die einen Flammpunkt nicht über 100 °C haben und hinsichtlich der Wasserlöslichkeit nicht die Eigenschaften der Gruppe B aufweisen

Gefahrenklasse I mit Flammpunkt unter 21 °C
Gefahrenklasse II mit Flammpunkt 21 °C bis 55 °C
Gefahrenklasse III mit Flammpunkt über 55 °C

Gruppe B

Flüssigkeiten mit einem Flammpunkt unter 21 °C, die sich — oder ihre brennbaren flüssigen Bestandteile — bei 15 °C in jedem beliebigen Verhältnis in Wasser lösen

(elektrostatische Aufladungen dürfen nicht auftreten).

Die Verordnung löst die alten Länderverordnungen ab (Polizeiverordnungen über den Verkehr mit brennbaren Flüssigkeiten). Neue Länderverordnungen regeln die Zuständigkeiten und die Anwendung sonstiger Bestimmungen.

Neben den grundlegenden Bestimmungen der VbF sind technische Einzelheiten festgelegt in der

Verordnung über Anforderungen, insbesondere technischer Art, an Anlagen zur Lagerung, Abfüllung und Beförderung brennbarer Flüssigkeiten zu Lande (Technische Verordnung über brennbare Flüssigkeiten — TVbF) v. 10. 9. 1964 (BGBl. I S. 717), gültig in der Fassung der Ersten Verordnung zur Änderung der TVbF vom 7. 9. 1965 (BGBl. I S. 1271).

In der TVbF sind vor allem ergänzend geregelt:

die an die Anlagen zu stellenden Anforderungen technischer Art unter Angabe der Zielsetzung, so daß der eigentlichen Ausführung ausreichender Spielraum gelassen ist,

Bauartzulassungen, Baumusterprüfung, Sondervorschriften im Falle besonderer Gefahr, Zulassung von Ausnahmen. Für verschiedene Bauteile wird eine *Bauartzulassung* vorgeschrieben.

Zu den grundlegenden Paragraphen der TVbF sind Einzelheiten über die Anforderungen angegeben im

Anhang I für Gruppe A, Gefahrenklassen I und II und für Gruppe B

Anhang II für Gruppe A, Gefahrenklasse III

Anhang I gilt auch für A III wenn diese Flüssigkeiten bis auf ihren Siedepunkt erwärmt werden.

In der

Allgemeinen Verwaltungsvorschrift zur Technischen Verordnung über brennbare Flüssigkeiten v. 10. 9. 1964 (Beilage zum BAz. Nr. 172 v. 16. 9. 1964)

werden außer allgemeinen Vorschriften (Gültigkeit der allgemein anerkannten Regeln der Technik) Angaben darüber gemacht, unter welchen Voraussetzungen die Anforderungen der Anlagen (I oder II) als erfüllt angesehen werden können.

Die Maßnahmen zur *Sicherung der Lagertanks gegen Überfüllen* dienen sowohl dem *Schutz gegen Brand und Explosion* als auch der *Reinhaltung der Gewässer* (s. Abschnitt 1.9). Bisher waren die entsprechenden Einrichtungen nur für Tanks geeignet, die für einen Prüfdruck von 2 at Überdruck bemessen waren. Außerdem war es nicht möglich, die Geräte der schnellen Entwicklung der Abfülltechnik anzupassen. Die befristet ausgesprochenen Anerkennungen für *Überfüllsicherungen* sind z. T. bereits erloschen. Spätestens nach dem 1. 12. 1967 müssen Straßentankwagen (auch Aufsetztanks) mit einer *Abfüllsicherung* (Magnetventil und elektronisches Steuergerät am Fahrzeug, Thermofühler im Tank als *Grenzwertgeber*) ausgerüstet sein, die ein Überfüllen des Tanks sicher verhindert. Diese Sicherungsart ist für alle Bauarten von Tanks geeignet, die Bauartzulassungen sind im Gange.

Die Vorschriften für die Lagerung von Flüssigkeiten der Gruppe A, Gefahrenklasse III, die für Heizöle maßgebend sind, bieten wesentliche Erleichterungen gegenüber den Vorschriften für die anderen Flüssigkeiten. Es gibt *keine Mengenbeschränkung* mit Ausnahme bei Zusammenlagerung mit anderen brennbaren Flüssigkeiten und bei Lagerung in Gebäuden. Die Bestimmungen über Werkstoffe, Herstellung, Prüfung und Ausrüstung wenden sich an die Hersteller und Betreiber. *Prüfungen durch Sachverständige* sind nur vorgeschrieben für Tankfahrzeuge. Bestimmungen über Fernleitungen sind noch nicht veröffentlicht. Fragen der Erlaubnis und Genehmigung werden im Rahmen des für die jeweilige Anlage vorgeschriebenen Verfahrens behandelt; für Dampfkesselanlagen gelten zusätzlich die

Sicherheitstechnischen Richtlinien für Ölfeuerungen an Dampfkesseln (SR-Öl).

1.9. Wasserhaushaltgesetz (WHG). Ein das Dampfkesselgebiet nicht immer unmittelbar berührendes, aber doch zu beachtendes Gesetz ist das

Gesetz zur Ordnung des Wasserhaushaltes (Wasserhaushaltgesetz — WHG) vom 27. Juli 1957 (BGBl. I S. 1110).

Das für den 1. März 1959 vorgesehene Inkrafttreten wurde durch die Fassung des Gesetzes vom 10. Februar 1959 (BGBl. I S. 37) auf den 1. März 1960 festgelegt (Änderung des § 45).

Das neue Bundesgesetz löst die bisherigen einzelnen Bestimmungen des Wasserrechts ab. Die Benutzung der *Gewässer, das sind sämtliche zum natürlichen Wasserhaushalt zählenden Wasservorkommen,* bedarf der *behördlichen Erlaubnis oder Bewilligung*[1]). Es ist damit die rechtliche Voraussetzung geschaffen, *eine willkürliche Veränderung des Wasserhaushaltes und eine dauernde oder*

---

1) Erlaubnis bedeutet eine widerrufliche Befugnis, aber kein Recht. Mit einer Bewilligung wird ein Recht für eine befristete Zeit (höchstens 30 Jahre) gewährt, z. B. wenn eine Anlage erhebliche Aufwendungen erfordert, die nur zu vertreten sind, wenn eine langfristige Nutzung gewährleistet ist. Ob eine Erlaubnis oder eine Bewilligung erteilt wird, liegt im Ermessen der Behörde unter Berücksichtigung der jeweiligen Umstände.

in einem nicht nur unerheblichen Ausmaß schädliche Veränderung der physikalischen, chemischen oder biologischen Beschaffenheit des Wassers zu verhindern. Erlaubnis und Bewilligung können an Bedingungen und Auflagen gebunden sein; nachträgliche Auflagen und Beschränkungen oder auch Zurücknahme der Erlaubnis oder Bewilligung sind möglich. Das Gesetz wird durch entsprechende Länderbestimmungen ergänzt.

Neben der Erlaubnis oder Bewilligung für die unmittelbare Nutzung des Wassers, z. B. Entnahme und Einleitung (Kühlwasser, Brauchwasser), Aufstauen oder dergl., ist auch das *Lagern oder Ablagern* von Stoffen an einem Gewässer so vorzunehmen, *daß eine Verunreinigung des Wassers oder sonstige nachteilige Veränderung seiner Eigenschaften oder des Wasserlaufs nicht zu besorgen ist.* Diese Bestimmungen, die z. B. große Bedeutung für die Lagerung von Heizöl haben, galten von vornherein auch für Rohrleitungen. Wegen der Bedeutung der Ölfernleitungen wurde ein

Zweites Gesetz zur Änderung des Wasserhaushaltsgesetzes vom 6. August 1964 (BGBl. I S. 611)

erlassen, das die Einzelheiten für die Genehmigung von Rohrleitungsanlagen zum Befördern *wassergefährdender Stoffe*[1]) festlegt. Die Bestimmungen sehen weiterhin auf der Basis einer *Gefährdungshaftung* die Schadenersatzpflicht vor für alle schädlichen Veränderungen des Wassers, z. B. durch Öl, das aus schadhaften Behältern oder durch Fehler beim Umfüllen in das Oberflächen- oder Grundwasser gelangt ist. Ausgenommen sind nur Schäden, die durch höhere Gewalt verursacht worden sind.

Diese Vorschriften sind neben der VbF bzw. TVbF zu beachten und stellen bei der Behandlung entsprechender

1) Das sind Rohöle, Benzin, Dieselkraftstoff, Heizöle und andere flüssige oder gasförmige Stoffe, die geeignet sind, Gewässer zu verunreinigen oder sonst in ihren Eigenschaften nachteilig zu verändern; sie werden von der Bundesregierung durch Rechtsverordnung mit Zustimmung des Bundesrates bestimmt.

Anlagen eine gewisse Erschwernis dar. *Das WHG betrifft aber das Wasser an sich in seiner Bedeutung für die Allgemeinheit und steht gleichrangig neben der GewO, die gesetzliche Grundlage für die VbF (TVbF) ist.* Unter diesen Umständen können die Vorschriften des WHG zwar nicht in die VbF einbezogen werden, aber es wird eine Anpassung der gewerberechtlichen Vorschriften an das WHG angestrebt um das Nebeneinander mehrerer Vorschriften für eine Anlage zu vermeiden. Da die Grundforderungen — *Dichtheit der Anlage, Verhindern des Überlaufens bei Füllvorgängen, Maßnahmen bei Unfällen von Tankfahrzeugen* — sowohl das WHG als auch die TVbF betreffen, dürfte hier eine zweckmäßige Regelung nicht schwierig sein.

Wie einschneidend die aus diesem Gesetz sich ergebenden Maßnahmen sein können, ergibt sich aus der Tatsache, daß eine die Ausführungsbestimmungen enthaltende Musterverordnung vom Dezember 1964 scharfer Kritik ausgesetzt war und es gegen eine darauf aufgebaute Landesverordnung zu einer Verfassungsklage kam. Eine Angleichung der Ansichten der für den Gewässerschutz Verantwortlichen und der betroffenen Unternehmen, z. B. der Mineralölwirtschaft, ist erforderlich um eine sinnvolle und wirtschaftlich vertretbare Lösung zu finden.

2. Entwurf und Berechnung eines Dampfkessels

In einem Industriewerk soll als Ergänzung der bereits vorhandenen Dampferzeuger eine weitere Kesseleinheit mit 8 t/h Dampferzeugung bei 14 atü höchstzulässigem Betriebsdruck aufgestellt werden. Der Kessel soll in der mit Sattdampf arbeitenden Anlage die Spitzen- und Kleinlasten decken und deshalb einen weiten Regelbereich haben und leicht anzufahren sein. Als Brennstoff steht Heizöl S (schwerflüssig) zur Verfügung. Ein Umbau auf Verfeuerung fester Brennstoffe soll im gegebenen Fall ohne besondere Änderungen am Kesselkörper möglich sein.

2.1. Wahl der Kesselbauart. *Anschaffungskosten, Brennstofffragen, Wartungskosten, Verfügbarkeit und spez. Wärmeverbrauch bestimmen den wirtschaftlichen Wirkungsgrad und damit die Kesselauswahl.* Im vorliegenden Falle entschied man sich für einen *Flammrohr-Rauchrohr-Dreizugkessel mit Drehzerstäuberbrenner-Ölfeuerung und vollautomatischer Stetigregelung.* Die Anschaffungskosten sind verhältnismäßig gering und die *einmauerungslose Bauart* des auf einen Grundrahmen zusammen mit der *Ölfeuerungsautomatik und Öl-Restvorwärmung,* sowie den Speisepumpen aufgebauten Kessels ermöglicht den Einbau in das vorhandene, geräumige Kesselhaus ohne Schwierigkeiten. Auch bei Verwendung von *Heizöl S* (DIN 51 306) arbeitet der Drehzerstäuberbrenner in einem großen Regelbereich wirtschaftlich und trotz wechselnder Belastung erfolgt kein schlagartiges Zu- und Abschalten der Feuerung. Das Verbrennungsluft-Gebläse wird so ausgelegt, daß es auch bei Einbau einer Wurfbeschicker- oder Kleinwanderrost-Feuerung verwendet werden kann.

Bei der an sich robusten Bauart des Kessels ist mit einer *Beeinträchtigung der Verfügbarkeit* nur im Rahmen der regelmäßigen Reinigungen und Prüfungen zu rechnen. Bei Übernahme der Last durch andere Kessel kann die Ölfeuerung kurzfristig abgeschaltet werden; Wiederanfahren ist ohne Schwierigkeit und ohne Zeitverlust möglich. Das Öl soll unterirdisch auf einem als PKW-Parkplatz ausgewiesenen Gelände gelagert werden.

2.2. Entwurf und wärmetechnische Berechung[1]). Anhand von Unterlagen über bereits gebaute ähnliche Kessel wird ein Entwurf angefertigt und dabei mit Rücksicht auf die vorgesehene Betriebsweise eine *mittlere Heizflächenbelastung* von 40 kg/m^2 h nicht überschritten, so daß mit einer Gesamtheizfläche von 200 m^2 gerechnet werden muß. Das *Speisewasser* der Gesamtanlage wird

---

1) Die in der Berechnung durch Fettdruck hervorgehobenen Werte sind in Tab. 2.1, Abschnitt 2.2.4.5, nochmals zusammengestellt.

nach den *Richtlinien für die Speise- und Kesselwasserbehandlung bei Dampferzeugern bis 20 atü Betriebsdruck (Ausgabe Sept. 1965), Gruppe 4* [14] aufbereitet und fließt aus einem hochliegenden Speisewasserbehälter mit *thermischem Entgaser* den Speisepumpen zu. Am Kesseleintritt kann mit einer *Speisewassertemperatur* von 100 °C gerechnet werden.

Bei den folgenden Berechnungen beziehen sich die Angaben über Tabellen und Gleichungen auf die Benummerung in Band I.[2])

2.2.1. Erzeugungswärme des Dampfes.

Dampferzeugung	D	$= 8\,000$ kg/h (Sattdampf)	
Dampfdruck	p	$= 14$ atü ≙ 15 ata	
Sattdampftemperatur	t_S	$= 197{,}36$ °C	(Tab. 5.11)
Sattdampfenthalpie	i''	$= 666{,}6$ kcal/kg	(Tab. 5.11)
Speisewassertemp.	t_W	$= 100$ °C	
Speisew.-Enthalpie	i'_w	$= 100{,}4$ kcal/kg	(Tab. 5.7)

Erzeugungswärme

$$q_e = i'' - i'_w = 666{,}6 - 100{,}4 = 566{,}2 \text{ kcal/kg} \qquad (2.35)$$

$$Q_e = 566{,}2 \cdot 8\,000 = 4\,529\,600 \text{ kcal/h} \approx 4{,}53 \text{ Gcal/h}$$

2.2.2. Brennstoffbedarf und Rauchgaswerte. Es steht Heizöl S (schwerflüssig) zur Verfügung mit

Heizwert $H_u = 9\,765$ kcal/kg

$> 9\,500$ kcal/kg nach DIN 51 603 (2.1966)

Dichte $\varrho = 0{,}96$ kg/dm³

Analyse, C: 87 Gew.-%
H: 11 Gew.-%
S: 2 Gew.-%

Entsprechend Bauart und Größe des Kessels kann mit einem *Wirkungsgrad* $\eta = 88\,\%$ gerechnet werden unter

---

2) Da in den folgenden Abschnitten festigkeitstechnische und thermodynamische Rechnungen nebeneinander durchgeführt werden, wird bei Druckangaben zwischen ata und atü unterschieden, s. Band I.

Annahme folgender *Verluste:*

Rückstandverlust	0,5 %
Strahlung und Leitung	1,0 %
Abwärmeverlust	10,5 %

Die *Rauchgasaustrittstemperatur* wird mit Rücksicht auf *Sättigungstemperatur, Zugverhältnisse und Säuretaupunkt* mit $t_R = 235\ °C$ angenommen.

Erforderliche **Brennstoff-Wärmeleistung**

$$Q_B = \frac{Q_e}{\eta} = \frac{4\,529\,600}{0{,}88} = \mathbf{5\,147\,400\,kcal/h.}$$

Erforderlicher Brennstoffdurchsatz

$$B = \frac{Q_B}{H_u} = \frac{5\,147\,300}{9\,765} = 527{,}1\ \mathrm{kg/h}.$$

Nach Tab. 5.23 ist $CO_{2\,max} = 16$ Vol-%. Der Brenner ermöglicht mit einer *Luftverhältniszahl* $\lambda = 1{,}15$ eine einwandfreie Verbrennung und es ergeben sich als Maximalwerte für den praktischen Betrieb:

$$CO_2' = \frac{CO'_{2\,max}}{\lambda} = \frac{16}{1{,}15} = 13{,}9\ \mathrm{Vol.\text{-}\%} \qquad (4.32)$$

$$O_2' = 21\left(1 - \frac{1}{\lambda}\right) = 21\left(1 - \frac{1}{1{,}15}\right) = 2{,}73\ \mathrm{Vol.\text{-}\%} \qquad (4.35)$$

Im Betrieb kann an Hand der gemessenen Werte (CO'_2, CO', O') mit Hilfe des *Ostwald-Dreieckes* (Band I, Bild 4.2) die Feuerführung kontrolliert werden.

Nach den vereinfachten Gleichungen (4.42) wird Luftbedarf

$$L_{min\,n} = 0{,}88\,\frac{H_u}{1\,000} + 1{,}7 = 0{,}88\,\frac{9\,765}{1\,000} + 1{,}7 = 10{,}295\ \mathrm{m^3/kg}$$

Rauchgasvolumen

$$V_{min\,n} = 1{,}11\,\frac{H_u}{1\,000} = 1{,}11\,\frac{9\,765}{1\,000} = 10{,}839\ \mathrm{m^3/kg}.$$

Eine genaue Rechnung auf Grund der *Brennstoffzusammensetzung* ergibt folgende Werte. (Tab. 4.1) [5]

Komponente Gew.-%		Sauerstoffbedarf m^3/kg	Luftbedarf m^3/kg	Verbrennugsprodukt m^3/kg
C	87	1,622	7,723	1,612 (CO_2)
S	2	0,0139	0,066	0,014 (SO_2)
H_2	11	0,6108	2,909	1,222 (H_2O)
		$O_{2\,min} = 2{,}2467$	$L_{min} = 10{,}698$	
N_2-Anteil im Rauchgas = 0,79 · 10,698				8,541 (N_2)
Feuchte Rauchgasvolumen			$V_{f\,min\,n}$	11,299 m^3/kg
			Wasseranteil	— 1,222 m^3/kg
Trockenes Rauchgasvolumen			$V_{tr\,min\,n}$	10,077 m^3/kg

Diese Werte bestätigen:

$$CO'_{2\,max} = \frac{1{,}612}{10{,}077} \cdot 100 = 16 \text{ Vol.-\%}.$$

Tatsächliches (feuchtes) Rauchgasvolumen

$$V_{f\,n} = V_{f\,min\,n} + (\lambda - 1)\, L_{min\,n} =$$
$$= 11{,}299 + 0{,}15 \cdot 10{,}698 = 12{,}90 \text{ m}^3/\text{kg}.$$

Volumenanteile im feuchten Rauchgas

$CO_2 = 12{,}5\,\%$ $H_2O = 9{,}5\,\%$ $SO_2 = 0{,}1\,\%$

$O_2 = 2{,}6\,\%$, $(10{,}698 \cdot 0{,}15 \cdot 0{,}21)$

$N_2 = 75{,}3\,\%$, $[8{,}451 + (10{,}698 \cdot 0{,}15 \cdot 0{,}79)]$.

Für das trockene Rauchgas (*Orsat-Analyse*) gilt:

$$V_{tr\,n} = V_{tr\,min\,n} + (\lambda - 1)\, L_{min\,n} =$$
$$= 10{,}077 + 1{,}605 = 11{,}682 \text{ m}^3/\text{kg}$$

$$CO_2' = \frac{1,612}{11,682} \cdot 100 = 13,8 \text{ Vol.-\%}.$$

Mit einem *Rückstandverlust* von 0,5 % werden nutzbarer Öldurchsatz

$$B_{eff} = B \cdot 0,995 = 527,1 \cdot 0,995 = 524,5 \text{ kg/h},$$

gesamtes Rauchgasvolumen

$$V_{R\,n} = V_{f\,n} \cdot B_{eff} = 12,90 \cdot 524,5 = 6\,766 \text{ m}^3\text{/h}.$$

Die *Verbrennungs-Endtemperatur* ergibt sich aus einem speziellen *i,t*-Diagramm für Heizöl mit $H_u = 9\,765$ kcal/kg bei $\lambda = 1,15$ zu

$$t = \mathbf{1\,870\ °C},$$

wobei Dissoziation ab 1 500 °C berücksichtigt ist.

Die *Partialdrücke* für Kohlendioxid und Wasserdampf entsprechen nach Gl. (2.26) den Volumenanteilen. Werden die geringen Druckunterschiede im Feuerraum vernachlässigt und mit $p = 1$ ata gerechnet, so ist

$$p_{CO_2} = 0,125 \text{ ata}, \qquad p_{H_2O} = 0,095 \text{ ata}.$$

2.2.3. Heizflächen. Der Entwurf sieht ein *Fox-Wellrohr*, eine z. T. im Wasserraum liegende *Wendekammer* (vom Flammrohr zum 2. Zug) und *Rauchrohre* gleichen Durchmessers als 2. und 3. Zug vor. Die gekühlte Wendekammer ist mit ihrem Mantel (*Umlaufblech*) in den hinteren Kesselboden eingeschweißt und wird nach hinten durch Schamotte-Auskleidung und ein äußeres Blech abgeschlossen. Als Schutz für die Auskleidung ist davor eine Reihe senkrechter, vom Kesselwasser unmittelbar durchströmter Rohre (*Kühlschirm*) in das Umlaufblech oben und unten eingeschweißt. Um die Wendekammer und das Flammrohr befahren zu können ohne auf der Brennerseite die Flammrohrauskleidung zu entfernen, erhalten Auskleidung und Kühlschirm der Wendekammer einen entsprechenden Durchlaß.

Der kleinste senkrechte Abstand zwischen N-W und der *höchsten Stelle der Feuerzüge* ist abhängig von der *Absinkgeschwindigkeit* des Wasserspiegels bei Entnahme der vollen Dampferzeugung und unterbrochener Speisung. Die Absinkgeschwindigkeit beträgt (TRD 401)

$$v = \frac{D \cdot 1\,000}{F \cdot 60 \cdot \varrho} \text{ in mm/min.}$$

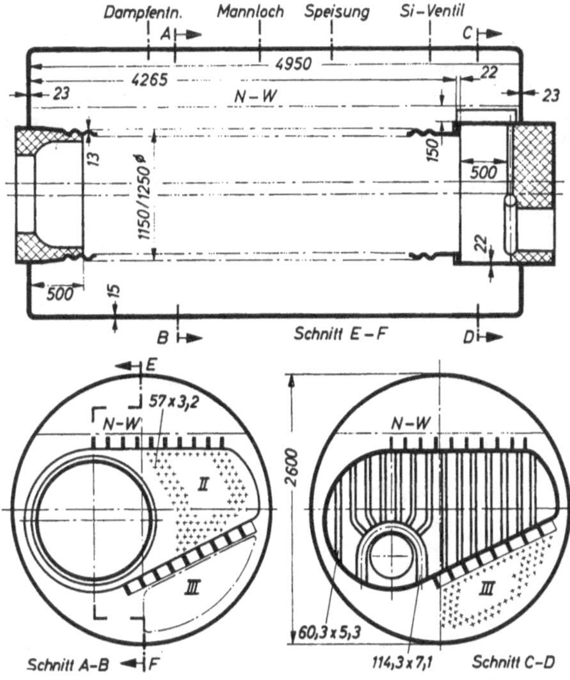

Bild 2.1. Schema des Flammrohr-Rauchrohr-Kessels.

Mit $D = 8$ t/h Dampferzeugung

$F = 4{,}95 \cdot 2{,}16 = 10{,}7\ \text{m}^2$ *Ausdampffläche* (Fläche des Wasserspiegels in Höhe N-W)

$\varrho = 1/1{,}1524\ \text{t/m}^3$ Dichte des Wassers bei $p = 15$ ata nach [11]

wird

$$v = \frac{8 \cdot 1\,000 \cdot 1{,}1524}{10{,}7 \cdot 60} = 14{,}4\ \text{mm/min}.$$

Da die Grenze von 10 mm/min überschritten wird, ist ein Maß von 100 mm nicht mehr ausreichend. Der Abstand zwischen der höchsten Stelle der Feuerzüge (hier der Scheitel der Wendekammer, nicht die auf die Wendekammer aufgesetzten Rippen) und muß also mindestens 150 mm N-W betragen (TRD 401), s. Bild 2.1.

Für die einzelnen Heizflächen ergeben sich folgende Werte:

F l a m m r o h r. Werkstoff 17 Mn 4 nach DIN 17 155

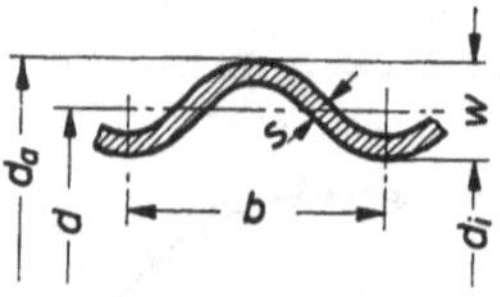

Bild 2.2. Fox-Wellrohr.

$d_a' = 1\,250$ mm

$d_i' = 1\,150$ mm

$d = 1\,200$ mm

$b = 151$ mm $w = 50$ mm

$s = 13$ mm $l = 4\,265$ mm

$l/d = 3{,}56$

Bei einer Gesamtlänge von 4 265 mm gilt der im Bereich des Brenners abgedeckte Teil von 500 mm Länge als nicht beheizt. Bezogen auf den mittleren Durchmesser d ist die **Heizfläche**

$$F = 1{,}2 \cdot \pi \cdot 3{,}765 \approx \mathbf{14{,}2\ m^2}.$$

Diese Fläche kann auf der Gasseite in Ansatz gebracht werden, um überschlägig das Winkelverhältnis bei Strahlung und die nicht ganz eindeutigen Verhältnisse bei

Wärmeübertragung durch Berührung zu berücksichtigen. Auf der Wasserseite ergibt sich durch die Wellenform für den Wärmeübergang eine größere Fläche, die hier etwa der 1,18fachen Glattrohrfläche entspricht.

Wasserseitige Heizfläche

$$F_W = 1{,}18 \cdot F \approx 16{,}7\ \mathrm{m}^2.$$

W e n d e k a m m e r.

Umlaufblech aus Kesselblech H II, 22 mm dick

Rohrboden aus Kesselblech H II, 22 mm dick

Rohre aus St 35.8 DIN 17 175; 60,3 · 5,3 und 114,3 · 7,1

Für die Wendekammer ergibt sich aus den Abmessungen des Flammrohres und der Anordnung der Rauchrohre des zweiten Zuges eine vom Flammrohr aus sich verjüngende Form (Bild 2.1) mit folgenden Einzelflächen:

Umlaufblech mit ≈ 6 000 mm gestreckter Länge und 500 mm beheizter Breite

$$F_1 = 6{,}0 \cdot 0{,}5 = 3{,}0\ \mathrm{m}^2$$

Rückwand aus Rohren 60,3 · 5,3 mit insgesamt 12 m Länge und Sammelrohr 114,3 · 7,1 mit 1,5 m Länge ergeben eine projizierte Heizfläche

$$F_2 = 12{,}0 \cdot 0{,}06 + 1{,}5 \cdot 0{,}114 \approx 0{,}9\ \mathrm{m}^2.$$

Unter Berücksichtigung der Fläche des hinteren Kesselbodens mit den Durchbrüchen für Flammrohr und Rauchrohre wird überschlägig gesetzt die

Wendekammerheizfläche = 4,5 m²

2. Z u g.

144 Rauchrohre 57 · 3,2 mit je 4 265 mm Länge

$$F_R = 144 \cdot 0{,}0506 \cdot \pi \cdot 4{,}265 = \mathbf{98\ m^2}$$

$$F_W = 144 \cdot 0{,}057 \cdot \pi \cdot 4{,}265 = 110\ \mathrm{m}^2$$

3. Zug.

110 Rauchrohre 57 · 3,2 mit je 4 950 mm Länge

$$F_R = 110 \cdot 0{,}0506 \cdot \pi \cdot 4{,}95 = \mathbf{87\ m^2}$$

$$F_W = 110 \cdot 0{,}057 \cdot \pi \cdot 4{,}95 = 97\ m^2$$

Summe der Heizflächen entspr. Vorschrift (Feuerseite)

Flammrohr	14,2 m²
Wendekammer	4,5 m²
2. Zug	98 m²
3. Zug	87 m²

Gesamtheizfläche = **203,7 m²** ≈ 204 m², so daß entsprechend den gestellten Forderungen die *mittlere Heizflächenbelastung*

$$q = 8\,000/204 = 39{,}2\ \text{kg/m}^2\,\text{h} < 40\ \text{kg/m}^2\,\text{h}.$$

2.2.4. Wärmeübertragungsverhältnisse. Rechnet man mit einer **Rauchgastemperatur von 1 040 °C** am Flammrohrende, so kann, unter Berücksichtigung der Kühlwirkung der Wendekammer, für Eintritt der Rauchgase in den zweiten Zug mit einer Temperatur von etwa 1 000 °C gerechnet werden. Unter diesen Voraussetzungen kann man auch annehmen, *daß die Verbrennung innerhalb des Flammrohres zum Abschluß gekommen ist* und z. B. in der Wendekammer nicht mehr mit Flammenstrahlung zu rechnen ist.

2.2.4.1. Flammrohr. Die Anteile der spez. Enthalpie

$$\begin{aligned}
CO_2&: \quad 0{,}125 \cdot 573{,}4 = 71{,}2\ \text{kcal/m}^3\\
H_2O&: \quad 0{,}095 \cdot 442{,}9 = 42{,}1\ \text{kcal/m}^3\\
SO_2&: \quad 0{,}001 \cdot 598{,}1 = 0{,}6\ \text{kcal/m}^3\\
O_2&: \quad 0{,}026 \cdot 378{,}2 = 9{,}8\ \text{kcal/m}^3\\
N_2&: \quad 0{,}753 \cdot 357{,}6 = 269{,}3\ \text{kcal/m}^3\\
&\qquad\qquad i_{R\,n} = 393{,}0\ \text{kcal/m}^3
\end{aligned}$$

für die *Rauchgaskomponenten* (s. Abschn. 2.2.2) bei 1 040 °C, bezogen auf Rauchgas im Normzustand, ergeben sich nach Tab. 5.17.

Enthalphie der Rauchgase am Flammrohrende[1])

$V_{\mathrm{R\,n}} \cdot i_{\mathrm{R\,n}} = 6\,766 \cdot 393 = 2\,658\,800$ kcal/h

In das Flammrohr **eingebrachte Wärmeleistung**

$B_{\mathrm{eff}} \cdot H_{\mathrm{u}} = 524{,}5 \cdot 9765 =$ **5 121 700 kcal/h**

Verlust durch Strahlung u. Leitung ≈ **26 100 kcal/h**

Im Flammrohr **übertragener Wärmestrom**

$\Phi_{\mathrm{F}} = 5\,121\,700 - 2\,658\,800 - 26\,100 =$ **2 436 800 kcal/h**

Wärmeübergang ------ Flammrohrwand ⟶ Wasser: Bei einer wasserseitigen Flammrohroberfläche von 16,7 m² ergibt sich eine **Wärmestromdichte**

$$q = \frac{2\,436\,800}{16{,}7} \approx \mathbf{146\,000\ kcal/m^2\,h.}$$

Nach *VDI-Wärmeatlas* 1963, Abschn. Hb 2 [12], kann für Wasser im Siedezustand bei $p = 15$ ata gerechnet werden mit *Wärmeübergangskoeffizient* $\alpha = 1{,}83 \cdot 10^4$ kcal/m² h grd.

Temperaturdifferenz Flammrohrwand—Wasser

$$\Delta t_{\alpha} = \frac{q}{\alpha} = \frac{146\,000}{18\,000} \approx 8 \text{ grd} \tag{3.29}$$

Wärmeleitung in der Flammrohrwand:

Flammrohrwanddicke $s = 13$ mm

Wärmeleitfähigkeit $\lambda = 40$ kcal/m h grd für 17 Mn 4

bei $t_{\mathrm{S}} + \Delta t_{\alpha} + \Delta t_{\lambda} \approx 230$ °C (DIN 17 155).

---

1) Wenn Tabellen oder Diagramme der spez. Wärmekapazität (c_{p} in kcal/m³ grd) zur Verfügung stehen, kann die Enthalpie auch errechnet werden zu $i_{\mathrm{R\,n}} = c_{\mathrm{p}} \cdot t \cdot V_{\mathrm{R\,n}}$.

Wird in einfacher Weise wie bei einer *ebenen Wand* gerechnet, ist

$$\Delta t_\lambda = q \cdot \frac{s}{\lambda} = 146\,000 \cdot \frac{0{,}013}{40} = 48 \text{ grd} \qquad (3.2)$$

Temperatur des Flammrohres auf der Feuerseite

$$t_F = t_S + \Delta t_\alpha + \Delta t_\lambda = 198 + 8 + 48 = 254\ °C.$$

Für Nachrechnung der Verhältnisse auf der Feuerseite ergibt sich eine **Wärmestromdichte**

$$q = \frac{2\,436\,800}{14{,}2} = \mathbf{171\,600\ kcal/m^2\,h.}$$

Bei einer *mittleren Temperaturdifferenz* nach Gl. (3.77) von $\vartheta'm$ = 1 146 grd, entsprechend einer **mittleren Gastemperatur** von $t_{R\,m}$ = 1 146 + 254 = **1 400 °C,** kann man bei reiner *Gasstrahlung* für CO_2 und H_2O nach Bild 3.20 und Bild 3.22 (Bd. I) je etwa q = 32 500 kcal/m^2 h ermitteln. Ein ggf. zu berücksichtigender Anteil an *Wärmeübertragung durch Berührung* ist mit ≈ 8 500 kcal/m^2 h ohne besonderen Einfluß.

Aus dem Zahlenwert ist ersichtlich, wie groß der Einfluß der *Flammenstrahlung* ist, die hier die Wärmeübertragungsverhältnisse bestimmt. Über den *Konzentrationsfaktor K* der strahlenden Teilchen ($K \cdot s_ä$ wäre ein Parameter für das Maß der Flammenstrahlung wie $p \cdot s_ä$ für die Gasstrahlung, s. Bd. I, 3.4.8.3) liegen wegen der vielfältigen Abhängigkeiten noch keine Werte vor, so daß eine entsprechende Nachrechnung der Verhältnisse bei Flammenstrahlung nicht möglich ist. Nach [8] liegt jedoch eine gewisse Abhängigkeit der Flammenstrahlung von der *räumlichen Wärmekonzentration* vor. Bestimmt man das Flammenvolumen aus einem der äquivalenten Schichtdicke $s_ä = 0{,}9 \cdot d_i$ entsprechenden Durchmesser zu

$$V_{Fl} = (0{,}9 \cdot 1{,}15)^2 \cdot \frac{\pi}{4} \cdot 3{,}76 \approx 3{,}16\ m^3,$$

so ist der Konzentrationsfaktor

$$h = \frac{B_{\text{eff}} \cdot H_u}{V_{\text{Fl}}} = \frac{5\,121\,700}{3{,}16} = 1\,621\,000 \text{ kcal/m}^3\,\text{h}.$$

Als Anhaltswert gilt dann für die *Emissionszahl* der strahlenden Flamme

$$\varepsilon_{\text{Fl}} = 1 - e^{-0{,}027 \cdot h \cdot s_{\text{ä}}/10^5} = 1 - 0{,}635 = 0{,}365.$$

Da bei Flammenstrahlung wegen der sonstigen Unsicherheiten mit dem arithmetischen Mittel der Temperaturen gerechnet werden kann, wird mit

$$T_1 = \frac{1\,870 + 1\,040}{2} + 273 = 1\,728\ {}^\circ\text{K},$$

$T_2 = 260 + 273 = 533\ {}^\circ\text{K}$, die Wärmestromdichte

$$q_{\text{Fl}} = \varepsilon_{\text{Fl}} \cdot C_S \left[\left(\frac{T_1}{100}\right)^4 - \left(\frac{T_2}{100}\right)^4\right] = \qquad (3.112)$$

$$= 0{,}365 \cdot 4{,}96 \left[\left(\frac{1\,728}{100}\right)^4 - \left(\frac{533}{100}\right)^4\right] = 159\,930 \text{ kcal/m}^2\,\text{h}.$$

Wird noch der Anteil aus Berührung mit 8 500 kcal/m² h berücksichtigt, so ergibt sich eine Gesamtwärmestromdichte

$$q_{\text{ges}} = 168\,500 \text{ kcal/m}^2\,\text{h}$$

Dieser Wert bedeutet für Flammenstrahlung eine gute Übereinstimmung mit der vorhergehend aus der Rauchgasendtemperatur mit $q = 171\,600$ kcal/m² h errechneten Wärmestromdichte.

2.2.4.2. Wendekammer. Für die Wendekammer wird eine Abkühlung der Rauchgase um 40 grd angenommen. Bei $t_R = 1\,000\ {}^\circ$C am Eintritt in den 2. Zug (Rauchrohre) beträgt nach Tab. 5.17 die spez. Enthalpie der Rauchgase

$$i_{R\,n} = 368 \text{ kcal/m}^3.$$

Rauchgasenthalpie beim Verlassen der Wendekammer

$$V_{\mathrm{R\,n}} \cdot i_{\mathrm{R\,n}} = 6\,766 \cdot 368 = 2\,489\,800 \text{ kcal/h}.$$

Verlust durch Strahlung und Leitung $\approx$ **2 000 kcal/h.**

In der Wendekammer **übertragener Wärmestrom**

$$\Phi_{\mathrm{W}} = 2\,658\,800 - 2\,489\,800 - 2\,000 = \mathbf{167\,000 \text{ kcal/h}}$$

Wärmestromdichte $q = \dfrac{167\,000}{4{,}5} = \mathbf{37\,100 \text{ kcal/m}^2 \text{ h.}}$

Bei einer feuerseitigen Wandtemperatur von 230 °C und einer **mittleren Gastemperatur** $t_{\mathrm{R\,m}}$ = **1 020 °C** ist mit einer Temperaturdifferenz ϑ'_{m} = 780 grd zu rechnen. Für die Gasstrahlung zwischen ebenen Wänden kann als *äquivalente Schichtdicke* entsprechend einer lichten Weite von 500 mm + 20 mm Zuschlag für Flächen zwischen den Rohren mit $s_{\ddot{a}} = 1{,}24 \cdot 0{,}52 = 0{,}645$ m gerechnet werden (Bd. I, 3.4.8.3). Für die Wärmeübertragung durch Berührung ergibt sich nach Gl. (3.50) ein Wärmeübergangskoeffizient $\alpha = 14{,}2$ kcal/m² h grd. Damit errechnen sich folgende Anteile für die Wärmestromdichte (Partialdrücke in ata, s. 2.2.2).

$$p_{\mathrm{CO_2}} = 0{,}125; \quad p \cdot s_{\ddot{a}} = 0{,}081; \quad q_{\mathrm{CO_2}} = 13\,000 \text{ kcal/m}^2 \text{ h}$$

$$p_{\mathrm{H_2O}} = 0{,}095; \quad p \cdot s_{\ddot{a}} = 0{,}0613; \quad q_{\mathrm{H_2O}} = 10\,400 \text{ kcal/m}^2 \text{ h}$$

$$q_{\mathrm{Ber}} = \alpha \cdot \vartheta'_{\mathrm{m}} = 14{,}2 \cdot 780 \qquad = 11\,100 \text{ kcal/m}^2 \text{ h}$$

$$q_{\mathrm{ges}} = \mathbf{34\,500 \text{ kcal/m}^2 \text{ h}}$$

Die Differenz gegenüber dem aus der Enthalpie errechneten Wert beträgt –7 %. Eine eindeutige rechnerische Erfassung des Wärmeüberganges ist bei den komplizierten räumlichen und strömungstechnischen Verhältnissen kaum möglich.

2.2.4.3. Rauchrohre im 2. Zug. In der ungekühlten Wendekammer vom zweiten zum dritten Zug soll die Rauchgastemperatur unter 400 °C liegen. Wird eine **Temperatur von 370 °C** angenommen, so ergeben sich entspr. Abschn. 2.2.4.1 folgende Verhältnisse.

Spez. Enthalpie der Rauchgase bei 370 °C

$$i_{R\,n} = 127 \text{ kcal/m}^3.$$

Enthalpie der Rauchgase am Ende des zweiten Zuges

$$V_{R\,n} \cdot i_{R\,n} = 6\,766 \cdot 127 = 857\,300 \text{ kcal/h}.$$

Verlust durch Strahlung und Leitung $\approx$ **16 800 kcal/h.**

Im zweiten Zug **übertragener Wärmestrom**

$\Phi_{II} = 2\,489\,800 - 857\,300 - 168\,000 =$ **1 615 700 kcal/h.**

Wärmestromdichte $q = \frac{1\,615\,700}{98} =$ **16 500 kcal/m² h.**

Bei einer mittleren Rohrwandtemperatur auf der Rauchgasseite von $t_m = 200$ °C sind
mittlere Temperaturdifferenz $\vartheta'_m = 400$ grd und die
mittlere Rauchgastemperatur $t_{R\,m} =$ **600 °C.**

Für 600 °C ergeben sich aus den Tab. 5.14 und 5.15:
Kinematische Viskosität $\nu \doteq 98 \cdot 10^{-6}$ m²/s,
Wärmeleitfähigkeit $\lambda = 54 \cdot 10^{-3}$ kcal/m h grd[1]),
Temperaturleitfähigkeit $a' = 142 \cdot 10^{-6}$ m²/s.

Prandtl-Zahl

$$Pr = \frac{\nu}{a'} = \frac{98}{142 \cdot 0{,}84} = 0{,}82 \qquad (3.33)$$

$$Pr^{0{,}3} = 0{,}942$$

Weiterhin sind einzusetzen:

Charakteristische Länge $l = 0{,}0506$ m $= d_i$,
Strömungslänge $l_1 = 4{,}31$ m,
mittlere Strömungsgeschwindigkeit

$$w = \frac{V}{F} = \frac{6\,766\left(1 + \frac{600}{273}\right)}{0{,}29 \cdot 3\,600} = 20{,}8 \text{ m/s}.$$

1) Faktor nach Tab. 5.15 nicht anwenden bei kleiner Luftverhältniszahl und hohen Temperaturen.

Reynolds-Zahl

$$Re = \frac{w \cdot l}{\nu} = \frac{20{,}8 \cdot 0{,}0506 \cdot 10^6}{98} = 10\,810 \qquad (3.30)$$

$$Re^{0,8} = 1\,687$$

Wärmeübergangskoeffizient (3.43)

$$\alpha = 0{,}032 \cdot \frac{\lambda}{d_i} \cdot Re^{0,8} \cdot Pr^{0,3} \cdot \left(\frac{d_i}{l_1}\right)^{0,054} \quad \text{in kcal/m}^2\text{ h grd}$$

$$\alpha = 0{,}032 \cdot \frac{54}{10^3 \cdot 0{,}0506} \cdot 1\,687 \cdot 0{,}942 \cdot 0{,}695 \approx$$

≈ 38 kcal/m² h grd.

Wärmestromdichte

$$q_{Ber} = \alpha \cdot \vartheta'_m = 38 \cdot 400 = 15\,200 \text{ kcal/m}^2\text{ h}$$

Der sehr geringe Strahlungsanteil beträgt mit

$p_{CO_2} \cdot s_ä = 0{,}125 \cdot 0{,}95 \cdot 0{,}0506$;	$q_{CO_2} = 1\,150$ kcal/m² h
$p_{H_2O} \cdot s_ä = 0{,}095 \cdot 0{,}95 \cdot 0{,}0506$;	$q_{H_2O} = 250$ kcal/m² h
	$q_{Str} = 1\,400$ kcal/m² h
Mit Berührungsanteil	$q_{Ber} = 15\,200$ kcal/m² h
ergibt sich	q_{ges} = **16 600 kcal/m² h**

Das Ergebnis rechtfertigt die getroffenen Annahmen.

2.2.4.4. Rauchrohre im 3. Zug. Mit einer **Temperatur der Abgase von 235 °C** ergeben sich folgende Einzelwerte (vgl. 2.2.4.3 für den 2. Zug):

$i_{R\,n} = 78{,}8$ kcal/m³; $V_{R\,n} \cdot i_{R\,n}$ = **533 200 kcal/h**

Verluste ≈ 3 500 kcal/h

$\Phi_{III} = 857\,300 - 533\,200 - 3\,500$ = **320 600 kcal/h**

q = **3 690 kcal/m² h**

$\vartheta'_m = 85$ grd; $t_{R\,m} = \mathbf{285\ °C}$

$\nu_{285} = 46 \cdot 10^{-6}$ m²/s; $\lambda_{285} = 38 \cdot 10^{-3}$ kcal/m h grd

$Pr = 0{,}81$; $Pr^{0,3} = 0{,}94$

$l = 0{,}0506$ m $= d_i$; $l_1 = 5{,}0$ m; $w = 17{,}4$ m/s

$Re = 19\,100$; $Re^{0,8} = 2\,667$

$$\alpha = 0{,}032 \cdot \frac{38 \cdot 0{,}93}{10^3 \cdot 0{,}0506} \cdot 2\,667 \cdot 0{,}94 \cdot 0{,}78 = 43{,}7 \text{ kcal/m}^2\text{ h grd}$$

$q = 43{,}7 \cdot 85 = \mathbf{3\,720\ kcal/m^2\ h}$

Dieser Wert für die Wärmestromdichte stimmt gut mit dem vorher aus der Enthalpie der Rauchgase berechneten überein, so daß der angenommene Gesamt-Temperaturverlauf sich auch im Betrieb einstellen wird. Der Anteil der Wärmeübertragung durch Strahlung ist im Temperaturbereich des dritten Zuges ohne Bedeutung.

2.2.4.5. Beurteilung der wärmetechnischen Verhältnisse. Die vorstehend durchgeführte wärmetechnische Berechnung stellt eine *überschlägige Rechnung* dar, die aber in vielen Fällen wegen der variablen Betriebsverhältnisse und Voraussetzungen ausreichend sein wird[1]). Bei einwandfreier *Feuerführung* und Verwendung des aufbereiteten Speisewassers sind die Verhältnisse über längere Zeit einzuhalten. Abweichungen von den vorgegebenen Verhältnissen durch *Bedienungsfehler* würden sich in steigender Rauchgastemperatur (Verschlechterung des Wärmeüberganges durch Beläge) oder sinkendem CO_2-Gehalt der Rauchgase (Störungen am Brenner oder in der Brennstoff-Luftzuteilung) bemerkbar machen.

Aus der Zusammenstellung der wichtigsten Kennwerte in Tab. 2.1 sind für das Flammrohr sowohl der hohe Anteil an der Wärmeübertragung, als auch die hohe Wär-

1) Bei großen Wasserrohrkesseln sind erheblich genauere Berechnungen, ggf. mehrere Durchrechnungen, mit elektronischen Rechenmaschinen unter Anwendung genauer Kennwerte erforderlich. Teillastverhältnisse sind ebenfalls nachzurechnen.

mebelastung zu erkennen. Diese Werte lassen auch die Vorschriften und Maßnahmen sinnvoll erscheinen, die ein Absinken des Wasserstandes bis in Höhe des Flammrohrscheitels wirksam verhindern sollen (Speisepumpenbemessung, Anordnung der Einspeisung, Wasserstandbegrenzer). Um von vornherein eine zu hohe Wärmebelastung des Flammrohres zu vermeiden, haben die beteiligten Kreise *zulässige Feuerungsleistungen* (Brennstoffwärmemenge) in Abhängigkeit vom inneren Flammrohrdurchmesser vereinbart. Für den vorliegenden Kessel ist die Belastung mit $5{,}156 \cdot 10^6$ kcal/h geringer als die zulässige, die bei $d_i = 1\,150$ mm und Flammrohr aus legiertem Stahl $7{,}3 \cdot 10^6$ kcal/h beträgt.

Andererseits ist zu ersehen, wie gering der zweite Zug und besonders der dritte Zug belastet sind und an der Wärmeübertragung teilnehmen. Verbesserungen sind nur hinsichtlich des Wärmeübergangskoeffizienten möglich, da *an dem Absinken der wirksamen Temperaturdifferenz naturgemäß nichts zu ändern ist.* Aus Gl. (3.43) ist ersichtlich, daß eine Verbesserung der *Re*-Zahl anzustreben ist, z. B. durch Einbau von *Drallkörpern* in die Rohre. Unter geeigneten Voraussetzungen konnten erhebliche Verbesserungen der Heizflächenbelastung erzielt werden.

2.3. Festigkeitstechnische Berechnung. Nachdem aus dem wärmetechnischen Entwurf die Hauptabmessungen des Kessels vorliegen, muß geprüft werden, ob die angenommenen Wanddicken auch den festigkeitstechnischen Anforderungen genügen. Basis ist die *Warmstreckgrenze* der verwendeten Werkstoffe unter Berücksichtigung der in den TRD festgelegten Werte für *Berechnungstemperatur, Sicherheitsbeiwert, Zuschläge.* Bei nicht ausreichender Bemessung müssen Änderungen hinsichtlich Wanddicke oder Werkstoff erfolgen. Bei Heizflächen sind ggf. die veränderten Wärmedurchgangsverhältnisse zu berücksichtigen. Im folgenden wird die Berechnung nur für einige Teile als Beispiel durchgeführt.

Tab. 2.1. Zusammenstellung der wärmetechnischen Kennwerte[1]).

Brennstoffwärmeleistung	5 147 300 kcal/h	
Rückstandverlust	25 600 kcal/h	[1])
Wirksame Brennstoffwärme	5 121 700 kcal/h	

	1 Brenner	2 Flammrohr	3 Wende-kammer	4 II. Zug	5 III. Zug	6 Abgas	7 $\sum 1 \cdots 6$
Heizfläche in m²		14,2	4,5	98	87		203,7
in %		7,0	2,2	48,2	42,6		100
Nutzwärmemenge							
Q in kcal/h		2 436 800	167 000	1 615 700	320 600		4 540 100
in %		47,33	3,24	31,4	6,23		88,2
Wärmeverluste							
in kcal/h	25 600	26 100	2 000	16 800	3 500	533 200	607 200
in %	0,5	0,51	0,04	0,33	0,07	10,35	11,8
Rauchgastemperat.							
t_R in °C	1 870	1040	1000	370		235	
$t_{R\,m}$ in °C		1 400	1 020	600	285		
Wärmestromdichte		w 146 000	37 100	16 500	(3 720)		
[2]) q in kcal/m² h		f 171 600	(34 500)	(16 600)	3 690		

1) Wärmemengenangaben in % bezogen auf $Q_B = 5\,147\,300$ kcal/h = 100 %.

2) w wasserseitig; f feuerseitig. Klammerwerte aus den Wärmeübergangsverhältnissen errechnet.

2.3.1. Kesselmantel. Die Berechnung der erforderlichen Wanddicke erfolgt nach TRD 301 zu

$$s \geqq \frac{d_a \cdot p}{200 \cdot (K/S) \cdot v + p} + c \text{ in mm.}$$

Außendurchmesser $d_a = 2\,600$ mm
Berechnungsdruck $p = 14$ atü = höchstzul. Betriebsdruck
Berechnungstemperatur $t = t_S$, aber mind. 250 °C
Werkstoff: Kesselblech 17 Mn 4 DIN 17 155
Festigkeitskennwert $K_{250} = 23$ kp/mm²
Sicherheitsbeiwert $S = 1{,}5$ für geschweißte Schüsse
Schweißnahtwertigkeit $v_S = 0{,}9$ (Arbeitsprüfungen am Stück nach TRD 201)
Verschwächungsbeiwert für die Ausschnitte $v_A \geqq 0{,}9$[1]) wird durch Verwendung entsprechend dickwandiger Stutzen erreicht.
Zuschlag c setzt sich zusammen aus dem Anteil für *Korrosion und Abnutzung* $c_1 = 1$ mm und der zul. *Minustoleranz* f. die Blechdicke $c_2 = 0{,}5$ mm[2])

$$s \geqq \frac{2\,600 \cdot 14}{200 \cdot (23/1{,}5) \cdot 0{,}9 + 14} + 1{,}5 = 14{,}6 \text{ mm}$$

s = **15 mm** ausgeführt.

2.3.2. Flammrohr. Die Berechnung erfolgt nach TRD 302. Bei dieser *auf Außendruck beanspruchten Zylinderschale* liegt ein *Stabilitätsproblem* vor *(Einbeulen)* und es wird nicht die Wanddicke unmittelbar berechnet, sondern geprüft, ob bei den vorgesehenen Abmessungen der ohne Einbeulgefahr ertragbare Druck ausreichend groß ist.

$$p = 100 \cdot \frac{K}{S} \cdot \frac{2 \cdot F}{b \cdot d} \cdot \frac{1 + 0{,}1 \cdot \frac{d}{l}}{1 + \frac{F \cdot w \cdot d}{800 \cdot I} \cdot \frac{u}{1 + 5 \cdot \frac{d}{l} \cdot \left(\frac{s-1}{w}\right)^3}} \geqq 14 \text{ atü}$$

1) S. 2.3.5.

Fox-Wellrohr 1 150 · 1 250 · 13, s. Bild 2.2

mittl. Durchmesser $d = 1\,200$ mm

Länge $l = 4\,265$ mm Unrundheit $u \leq 1\,\%$

Wellentiefe $w = 50$ mm Wellenteilung $b = 151$ mm

$$\frac{d}{l} = \frac{1\,200}{4\,265} \approx 0{,}282 \qquad \left(\frac{s-1}{w}\right)^3 = \left(\frac{12}{50}\right)^3 \approx 0{,}0138$$

Trägheitsmoment $I = 34{,}7 \cdot 10^4$ mm⁴ [3])

Querschnitt $F = 20{,}7 \cdot 10^2$ mm² [3])

Berechnungstemperatur $t = t_S + 3 \cdot s + 30$ grd [4])

$= 197{,}4 + 39 + 30 \approx 266$ °C

Werkstoff: Kesselblech 17 Mn 4 DIN 17 155

Festigkeitskennwert $K_{266} = 22{,}4$ kp/mm²

Sicherheitsbeiwert $S = 2{,}5$ für liegendes Flammrohr

$$p = 100 \cdot \frac{22{,}4 \cdot 2 \cdot 20{,}7 \cdot 10^2}{2{,}5 \cdot 151 \cdot 1\,200} \cdot$$

$$\cdot \frac{1 + 0{,}1 \cdot 0{,}282}{1 + \dfrac{20{,}7 \cdot 10^2 \cdot 50 \cdot 1\,200}{800 \cdot 34{,}7 \cdot 10^4} \cdot \dfrac{1}{1 + 5 \cdot 0{,}282 \cdot 0{,}0138}}$$

$p = 14{,}6$ atü > 14 atü.

2.3.3. Vorderer Kesselboden. Der Boden wird als *ebene Wandung* nach TRD 305 mit *Verankerung* nach TRD 306 berechnet. Die erforderliche Wanddicke beträgt

$$s = C \cdot d_e \cdot \sqrt{\frac{p}{100 \cdot K/S}} + c \text{ in mm}.$$

Berechnungsdruck $p = 14$ atü

---

2) S. DIN 1543.

3) Werte nach TRD 302 für eine Welle. Bezug auf eine Welle zulässig, da nur das Verhältnis F/I in die Rechnung eingeht.

4) Erhöhen der Berechnungstemperatur um einen Betrag in grd, der dem dreifachen Betrag der Wanddicke in mm entspricht, berücksichtigt überschlägig die Erhöhung der Wandtemperatur entsprechend dem Wärmeleitwiderstand.

Berechnungstemperatur $t = t_S$, aber mind. 250 °C
Werkstoff: Kesselblech H II DIN 17 155
Festigkeitskennwert $K_{250} = 19\ \mathrm{kp/mm^2}$
Sicherheitsbeiwert $S = 1{,}5$
Zuschlag c Minustoleranz nach DIN 1543
Berechnungsbeiwert C berücksichtigt die jeweiligen Einspannverhältnisse

Über dem durch das Flammrohr und die Rauchrohre verankerten Bereich befindet sich ein freies Feld in Form eines Kreisabschnittes. In dieses Feld kann nach Bild 2.3 als *Belastungsfläche* ein Kreis mit dem Durchmesser d_e = 870 mm oder eine Ellipse mit den Achsen a = 1 320 mm und b = 750 mm einbeschrieben werden. Für die elliptische Fläche wäre anstelle d_e das Produkt $y \cdot b$ zu setzen, wobei $y = 1{,}26$ für $b/a = 0{,}57$. Da $y \cdot b$ größer ist als d_e und der Kreis wegen der dicht beieinander liegenden unteren Stützpunkte (Flammrohr und Rauchrohrpaket) nicht als ausreichend gestützt angesehen werden kann, muß mit der elliptischen Belastungsfläche gerechnet werden.

Die *Krempe des Bodens* genügt mit r = 50 mm den Anforderungen der TRD 305. Bei Abstützung der Fläche durch Krempe, Flammrohr und Rohrpaket kann gerechnet werden mit einem mittleren Beiwert [1]) $C = 0{,}38$, so daß

$$s = 0{,}38 \cdot 750 \cdot 1{,}26 \cdot \sqrt{\frac{14}{100 \cdot 19/1{,}5}} + 0{,}6 = 38{,}4\ \mathrm{mm}.$$

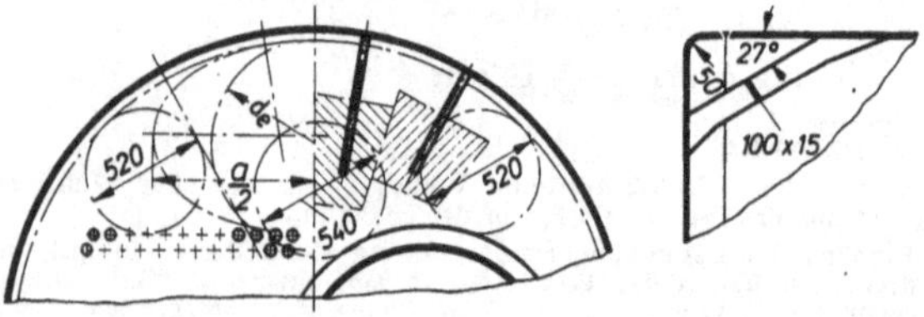

Bild 2.3. Verankerung des vorderen Kesselbodens.

Sowohl bei dieser Wanddicke für Kesselblech H II, als auch bereits bei Wanddicken unter 30 mm für höher legierte Stähle ist *nach dem Schweißen eine Wärmebehandlung* erforderlich. Wegen der Gesamtabmessungen des Kessels und mit Rücksicht auf die Art der Schweißverbindungen wird ein dünner Boden aus Kesselblech H II ausgeführt. Die von diesem Boden nicht zu übertragenden Kräfte werden durch *Anker* aufgenommen. *Zuganker* von Boden zu Boden würden die *Reinigung und Besichtigung* des Kessels zu sehr erschweren oder die Anker könnten nur an unzweckmäßigen Stellen angeordnet werden. Für eine *Versteifung der ebenen Wand in sich durch Rippen* liegen noch keine allgemein anerkannten Regeln der Technik (TRD oder andere) vor. Außerdem sind besondere Ersparnisse an Wanddicke kaum zu erwarten weil das unversteifte Zwischenstück bis zu den Verankerungen (Krempe, Flammrohr, Rohrfeld) doch die Gesamtkräfte übertragen und mit Rücksicht auf ein Mindestmaß an Elastizität auch eine bestimmte Breite te haben muß, so daß ein *erhebliches Biegemoment* auftritt. Es müssen deshalb *Eckanker*, die die Kräfte vom Boden unmittelbar auf den Mantel übertragen, angewendet werden.

Führt man den Boden 23 mm dick aus, so wäre der für die obere, freie Fläche zulässige Betriebsdruck

$$p = \left(\frac{s-c}{C \cdot y \cdot b_t}\right)^2 \cdot 100 \cdot \frac{K}{S} = \left(\frac{22{,}5}{0{,}38 \cdot 1{,}26 \cdot 750}\right)^2 \cdot 100 \cdot \frac{19}{1{,}5} =$$
$$= 5{,}1 \text{ atü}.$$

Um eine gleichmäßige Kraftübertragung auf den Mantel zu gewährleisten und den Mantelscheitel für Anschlußstutzen frei zu halten, werden vier Eckanker ange-

---

1) Mit einem Beiwert $C = 0{,}35$ kann nur bei glatten Flammrohren gerechnet werden; für ein Wellrohr mit $w = 50$ mm Tiefe muß wegen des kleinen Wertes der Federkonstante, s. [10], annähernd mit $C_{Fl} = 0{,}35 \cdot 1{,}25 \approx 0{,}44$ gerechnet werden, so daß sich als Mittelwert für die drei Einspannstellen $C = 1/3 \cdot (0{,}35 + 0{,}35 + 0{,}44) = 0{,}38$ ergibt.

ordnet. Die sichelförmigen äußeren Ecken der Belastungsfläche werden durch einbeschriebene Belastungskreise 520 Ø erfaßt und die äußeren Eckanker so angeordnet, daß sie die Belastungskreise tangieren. Die Belastungskreise sind damit an drei Stellen gestützt.

Damit die Verbindung Boden-Mantel elastisch bleibt und nicht zu große *Einzel-Radialkräfte* auf den Mantel wirken, werden die Anker unter 27° zum Mantel geneigt angeordnet und gerade ausreichend bemessen. Um *Spannungsspitzen abzubauen* werden die unteren Enden der Anker bis auf Höhe einer Blechdicke ausgezogen und die Enden sorgfältig verschweißt, so daß sich *größere Kraftübertragungsflächen* an Mantel und Boden und ein *günstiger Kraftlinienverlauf* ergeben. Die ungünstige Krafteinleitung am Mantel und Boden *senkrecht zur Oberfläche des gewalzten Bleches* und das *zusätzliche Biegemoment auf den Anker* infolge der Verformung von Boden und Mantel unter Belastung erfordern sorgfältige konstruktive und werkstattmäßige Ausführung. Zum Vereinfachen der Fertigung werden die vier Anker mit gleichbleibendem Querschnitt ausgeführt. Die unterschiedliche Länge im Feld über dem Flammrohr, die sich aus der Lage der Angriffspunkte ergibt, muß berücksichtigt werden. Über dem Rohrfeld können beide Anker gleich ausgeführt werden.

Die Berechnung der Anker erfolgt nach TRD 306. Als Belastungsfläche ergeben sich für jeden Anker 119 000 mm². Dabei ist bezüglich Größe und Anordnung der Fläche die *geringe Längssteifigkeit des gewellten Flammrohres* berücksichtigt. Bei einem Betriebsdruck von 14 atü und 27° Neigungswinkel (cos 27° = 0,891) beträgt die Kraft im Anker

$$P_A = \frac{119\,000 \cdot 14}{0{,}891 \cdot 100} = 18\,700 \text{ kp}.$$

Mit einem Ankerquerschnitt 100 mm · 15 mm beträgt die

Spannung im Anker

$$\sigma = \frac{18\,700}{100 \cdot 15} = 12{,}5 < \frac{19}{1{,}5} = 12{,}65 \text{ kp/mm}^2.$$

Die Anker werden aus Kesselblech H II ausgeführt und volltragend (K-Naht) an Mantel und Boden angeschweißt. Bei sehr großen Kräften oder ungünstigen Schweißbedingungen kann es erforderlich werden, die *Anker durch die Bleche hindurchzustecken und über die volle Wanddicke von Boden oder Mantel zu verschweißen.* Der in der Mitte des Kreisabschnittes verbleibende Belastungskreis wird durch die beiden inneren Anker, das Rohrfeld und das Flammrohr gestützt. Für 540 mm Durchm. des Belastungskreises bei einem mittleren Berechnungsbeiwert $C = 0{,}38$ ist die Bodenwanddicke mit $21{,}6 + 0{,}5 = 22{,}1 < 23$ mm ausreichend. Konstruktion und Berechnung des hinteren Kesselbodens erfolgt in der gleichen Weise.

2.3.4. Wendekammer. Die äußere Begrenzung der Wendekammer *(Umlaufblech)* besteht aus *ebenen und gewölbten Abschnitten* und ist mit dem Wendekammerboden und dem hinteren Kesselboden verschweißt (Bild 2.4). Die gewölbten Abschnitte werden als Teil eines auf Außendruck beanspruchten Zylinders betrachtet. Die „Flammrohrformel" berücksichtigt im wesentlichen das bei langen Zylindern maßgebende *elastische Einbeulen.* Wenn die kritische Länge nicht erreicht wird, wie z. B. bei der Wendekammer, wird die Gefahr *plastischen Verformens* dadurch berücksichtigt, daß nur das 0,85fache des nach TRD 302 berechneten Druckes zulässig ist. Mit Rücksicht auf günstige Schweißbedingungen und die sich aus der Berechnung als notwendig ergebende *Versteifung der ebenen Teile* des Umlaufbleches wird Kesselblech H II in 22 mm Dicke verwendet. Für den gewölbten Teil des Wendekammerumlaufbleches (glattes Flammrohr) gilt dann:

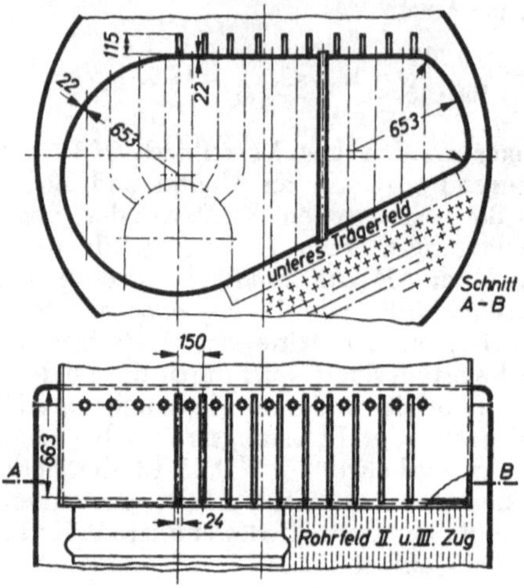

Bild 2.4. Ausführung der Wendekammer.

$$p = 0{,}85 \cdot 100 \cdot \frac{K}{S} \cdot \frac{2(s-1)}{d} \cdot \frac{1 + 0{,}1 \cdot d/l}{1 + 0{,}03 \cdot \dfrac{d}{s-1} \cdot \dfrac{u}{1 + 5 \cdot d/l}} \geqq$$

$\geqq 14$ atü.

Analog zur Berechnung des Flammrohres ist mit

$s = 22$ mm; $d = 2 \cdot 653 + 22 = 1\,328$ mm
$l = 663$ mm; $d/l = 1\,328/663 = 2{,}02$
$t = 197{,}4 + 4 \cdot 22 + 30 = 315$ °C

Werkstoff: H II, $K_{315} = 15{,}4$ kp/mm²

$S = 2{,}5$; $u \leqq 1{,}5\,\%$

$$p = 0{,}85 \cdot 100 \cdot \frac{15{,}4}{2{,}5} \cdot \frac{2 \cdot 21}{1\,328} \cdot \frac{1 + 0{,}1 \cdot 2{,}02}{1 + 0{,}03 \cdot \dfrac{1328}{21} \cdot \dfrac{1{,}5}{1 + 5 \cdot 2{,}02}} \cdot$$

$p \approx 16$ atü > 14 atü.

Für die Bemessung der ebenen Teile des Umlaufbleches gilt nach TRD 305

$$p_{zul} = \left(\frac{s-c}{C \cdot b \cdot y}\right)^2 \cdot 100 \cdot \frac{K}{S} \quad \text{in kp/cm}^2 \text{ (atü).}$$

Erfahrungsgemäß müssen die *langen ebenen Flächen* unterteilt werden, wenn sie mit der gleichen Wanddicke ausgeführt werden wie die gewölbten Abschnitte. Wird die Breite der Wendekammer zugrunde gelegt, so wäre die kleinste Berechnungsfläche ein Quadrat mit $b = a =$ 663 mm bei $y = 1{,}1$.

Mit Beiwert (Einspannfaktor) $C = 0{,}4$ (verschweißt mit Wendekammer- und Kesselboden), Zuschlag $c = 0$ mm für Landdampfkessel, $t = 250\ °C$, $K_{250} = 19$ kp/mm², $S = 1{,}5$ wird

$$p_{zul} = \left(\frac{22}{0{,}4 \cdot 663 \cdot 1{,}1}\right)^2 \cdot 100 \cdot \frac{19}{1{,}5} \approx 7{,}3 \text{ atü} < 14 \text{ atü}.$$

Felder der Breite $b = 663$ mm sind demnach nicht möglich. Die Felder müssen durch *Deckenträger* nach TRD 310 versteift werden. Eine Zwischenrechnung ergibt, daß zwar eine Feldbreite von 300 mm (doppelter Abstand der Rohre der Kühlfläche) möglich wäre, daß sich aber unzweckmäßige Abmessungen der Deckenträger ergeben würden. Außerdem werden die Träger aus schweißtechnischen Gründen und mit Rücksicht auf ausreichende Kühlung des hinteren Kesselbodens nur bis zu den Kühlflächenrohren geführt und nicht mit dem hinteren Kesselboden verschweißt. Mit Trägerabmessungen 24 mm · 115 m und Feldgröße 150 mm · 663 mm ergeben sich nach TRD 310 folgende Verhältnisse:

Belastung des Trägers

$$P = \frac{14}{100} \cdot 150 \cdot 663 \approx 13\,900 \text{ kp}$$

Biegemoment

$$M_{max} = 13\,900 \cdot \frac{663}{8} = 1\,150\,000 \text{ kp mm}$$

Widerstandsmoment

$$W_{erf} = \frac{M_{max}}{1{,}3 \cdot \frac{K}{S} \cdot z} = \frac{1\,150\,000}{1{,}3 \cdot \frac{19}{1{,}5} \cdot \frac{4}{3}} = 52\,400 \text{ mm}^3$$

$$W_{vorh} = 24 \cdot \frac{115^2}{6} = 53\,000 > 52\,400 \text{ mm}^3.$$

Faktor 1,3 berücksichtigt die *Annäherung an den teilplastischen Zustand bei Biegung*, Faktor $z = 4/3$ berücksichtigt annähernd das Mittragen des Umlaufbleches. Ähnliche Werte ergeben sich, wenn man zuerst die *Tragfähigkeit der unversteiften Platte* bestimmt und das erforderl. Widerstandsmoment des Trägers aus der Druckdifferenz (Restdruck) ermittelt.

Die Unterseite der Wendekammer ist in ähnlicher Weise zu versteifen. Durch Schrägstellen der Träger im Sinne der bereits vorhandenen Neigung des Kammerbleches ist *das Abströmen des erwärmten Wassers und ggf. entstehender Dampfblasen* zu gewährleisten.

Die Endträger an den ebenen Abschnitten des Umlaufbleches ergeben gleichzeitig die *Einspannung* der mit den Gleichungen für vollkreisförmige Teile berechneten Abschnitte des Umlaufbleches.

2.3.5. Ausschnitte und Ausschnittverstärkungen. Bei der Berechnung zylindrischer Mäntel und Rohre auf Innendruck sind neben einer ggf. vorhandenen Schweißnaht noch die Verhältnisse zu berücksichtigen, die sich durch einzelne Ausschnitte (Besichtigungsöffnungen, Rohranschlüsse) oder durch Rohrfelder (Trommeln, Sammler) ergeben. An jedem Ausschnitt tritt gegenüber dem ungestörten Querschnitt eine *Spannungsspitze am Ausschnittrand* an der Stelle der längsten Unterbrechung der Mantellinie auf (Kerbwirkung, Konzentration von in Umfangsrichtung verlaufenden Kraftlinien). *Übersteigen die auftretenden Spannungen das zulässige Maß, so muß der tragende Querschnitt an dieser Stelle entsprechend vergrößert und die Kräfte vom Mantel am Umfang der Verstärkung in diese eingeleitet werden.* Da die Spannungsspitzen unmittelbar am Ausschnittrand auftreten, sind zusätzliche Querschnitte an dieser Stelle (z. B. Rohrstutzen entsprechender Dicke) am wirksamsten. Über die Bewertung der einzelnen Verstärkungen, d. h. wie weit z. B. die Breite einer scheibenförmigen Verstärkung oder die Länge einer rohrförmigen Verstärkung *als mittragend* angesehen werden kann, besteht noch keine einheitliche Auffassung. Die in den einzelnen Rechenvorschriften angegebenen Werte sind *durch Versuche in einem begrenzten Geltungsbereich ermittelt worden.*

In den TRD ist ein bestimmtes Berechnungsverfahren für die Bemessung oder Beurteilung von Ausschnittverstärkungen zylindrischer Wandungen vorerst noch nicht angegeben. Es wird nach dem *AD-Merkblatt B 9 Ausschnitte in Zylindern, Kegeln und Kugeln unter Innendruck*[1]) gerechnet. Abhängig von Verhältniswerten für Ausschnittdurchmesser zu Mantelabmessungen und Wanddicke einer rohrförmigen Verstärkung zur Mantelwanddicke am Ausschnittrand wird aus einem Diagramm der Verschwächungsbeiwert für die Nachrechnung der erforderlichen Mantelwanddicke entnommen. Liegt dieser Wert unter dem zuvor bei der Berechnung der Mantelwanddicke eingesetzten, so muß die Ausschnittverstärkung anders bemessen werden, weil man im allgemeinen nicht

---

1) AD-Merkblätter sind die den TRD entsprechenden Regeln im Geltungsbereich der Unfallverhütungsvorschrift Druckbehälter, VBG 17 des Hauptverbandes der gewerblichen Berufsgenossenschaften. Die AD-Merkblätter werden von der VdTÜV im Auftrage der Arbeitsgemeinschaft Druckbehälter (Zusammenschluß der an Herstellung und Betrieb von Druckbehältern interessierten Organisationen) herausgegeben. Soweit für bestimmte Bauelemente oder Konstruktionsformen in einem Sachgebiet keine Regelung getroffen ist, gelten die entspr. Regeln des anderen Sachgebietes als allgemein anerkannte Regel der Technik.

wegen eines Ausschnittes den gesamten Mantel oder einen Mantelschuß dicker ausführen wird.

In dem vorliegendem Kesselkörper ist *als größter Ausschnitt ein ovales Mannloch* angebracht mit 300 mm × 400 mm lichter Weite. Die ovale Form ermöglicht bei kleinstem Querschnitt ein *Befahren des Kessels* und die Verwendung eines innen angeordneten, *entsprechend der Höhe des Innendruckes selbstdichtenden Verschlußdeckels.* Im drucklosen Zustand wird der Deckel durch Schraube und Spannbügel befestigt. Die große Achse des Ovals liegt quer zur Kesselachse; das ergibt eine günstige Einstiegposition und die geringste Verschwächung der Mantelwand (kürzeste Unterbrechung der Mantellinie).

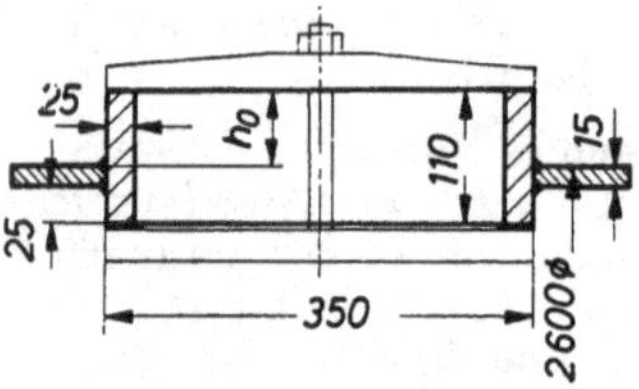

Bild 2.5. Mannlochverschluß.

Der *Verstärkungsring* mit 25 mm Wanddicke und 110 mm Höhe wird nach Bild 2.5 eingebaut und dient gleichzeitg als *Auflage für den Verschlußdeckel.* Die Höhe wird bewußt niedrig gehalten um bei dem kleinen Ausschnitt das Befahren nicht weiter zu erschweren. Der Überstand innen ist wegen der Mantelwölbung veränderlich, im Bild sind die Maße für die Berechnung eingetragen. Es ergeben sich folgende Verhältnisse:

Mantelaußendurchmesser	d_a	= 2 600 mm
Manteldicke im Ausschnitt	s_A	= 15 mm
Ausschnitt (-durchmesser)	d_A	= 350 mm (300 + 2 · 25)
Dicke der Verstärkung	s_1	= 25 mm
Höhe der Verstärkung	h	= 110 mm

Wert für Durchmesserverhältnis

$$\frac{d_A}{\sqrt{d_a \cdot (s_A - c)}} = \frac{350}{\sqrt{2\,600 \cdot (15 - 1{,}5)}} = 1{,}87.$$

Wert für Wanddickenverhältnis, vorerst nur mit $s_1 =$ 20 mm gerechnet (s. Rechnungsgang),

$$\frac{s_1 - c}{s_A - c} = \frac{20 - 1,5}{15 - 1,5} = 1,37.$$

Aus dem Diagramm ergibt sich Verschwächungsbeiwert $v_A > 1$.

Nach diesem Ergebnis ist der Ausschnitt nicht nur ausreichend verstärkt, sondern die Ausschnittverstärkung verformt sich unter Innendruck nicht in dem gleichem Maße wie der übrige Kesselmantel. Das ist im Sinne eines ausgeglichenen Spannungsverlaufs zwar nicht erstrebenswert, aber es sind noch andere Gesichtspunkte zu berücksichtigen.

Die Ausschnittverstärkung dient gleichzeitig als Dichtfläche für den von innen gegengesetzten Mannlochdeckel und soll deshalb besonders formsteif sein. Außerdem sollen diese Mannlochverschlüsse als *Werksnormteil* an möglichst vielen Stellen in gleicher Ausführung verwendet werden.

Wird der gleiche Verschluß z. B. in einer Kesseltrommel für $p = 40$ atü mit $d_a = 1\,000$ mm eingebaut, so ergeben sich unter sonst gleichen Bedingungen folgende Verhältnisse:

Erforderliche Trommelwanddicke

$$s = \frac{1\,000 \cdot 40}{200 \cdot (23/1,5) \cdot 0,9 + 40} + 1,5 = 16 \text{ mm}$$

$$\frac{350}{\sqrt{1\,000 \cdot (16 - 1,5)}} = 2,92; \qquad \frac{20 - 1,5}{16 - 1,5} = 1,28.$$

Würde das Wanddickenverhältnis $\approx 1,4$ ($> 1,28$) betragen, wäre nach Diagramm mit einem Verschwächungsbeiwert $v_A = 0,9$ zu rechnen, wie er der Berechnung der Trommelwanddicke zugrunde gelegt wurde. Da es sich um einen *durchgesteckten* (nicht aufgesetzen) *Stutzen* handelt, bei dem die Wanddicke bis 20 % kleiner sein darf als errechnet, könnte die Wanddicke mit 20 mm als ausreichend angesehen werden. Weitere Voraussetzung ist aber, daß eine *tragende Höhe des Stutzens* vorhanden ist von mindestens

$$h_0 = \sqrt{d_A \cdot (s_1 - c)} \approx 80\,\text{mm}.$$

Die vorhandene Höhe ist aber nur $h = 110 - (25 + 15) = 70 < 80$ mm; die Wanddicke muß im Verhältnis der Höhen vergrößert werden.

$$s_{1\,\text{erf}} = 20 \cdot \frac{80}{70} = 23\ \text{mm}.$$

Zur Gewährleistung der *Formsteifigkeit* ist also nur noch eine geringe Reserve vorhanden. Wegen der etwas schwer zu übersehenden gegenseitigen Abhängigkeit der einzelnen Größen und der geringen Höhen der Verstärkung wäre es im vorliegenden Fall nicht zweckmäßig gewesen, von Anfang an mit der vollen Wanddicke $s_1 = 25$ mm zu rechnen.

Eine andere Berechnungsmethode, die zur Diskussion steht, beruht auf einer Gegenüberstellung *der Kräfte der druckbelasteten und der drucktragenden Flächen* entspr. Bild 2.6. Folgende Bedingung wird gestellt:

$$\frac{K}{f \cdot S_F} \geq \frac{p}{100}\left(\frac{F_p}{F_\sigma} + \frac{1}{2}\right).$$

Auf die Kesseltrommel 1 000 Ø angewendet würde sich folgen-

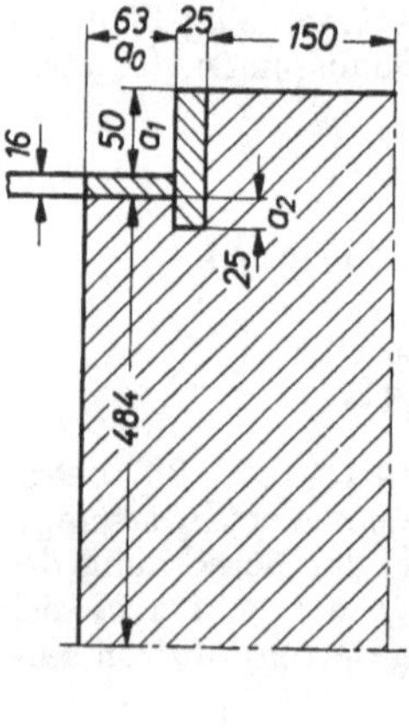

Bild 2.6.
Druckbelastete und drucktragende Flächen an einem Ausschnitt.

des ergeben:

$K_{250} = 23$ kp/mm² Festigkeitskennwert

$f = 0{,}95$ Beiwert für Verformungsverhalten üblicher Stähle

$S_F = 1{,}5$ Sicherheitsbeiwert gegen Verformen

$p = 40$ kp/cm² Berechnungsdruck

F_p in mm² druckbelastete Fläche (/////// im Bild)

$F\sigma$ in mm² drucktragende Fläche (\\\\\\ im Bild)

Für die zu berücksichtigenden Flächen gilt:

$$a_0 = 0{,}5 \cdot \sqrt{(d_i + s_A) \cdot s_A} = 0{,}5 \cdot \sqrt{984 \cdot 16} = 63 \text{ mm},$$

$$a_1 = 0{,}5 \cdot \sqrt{(d_1 + s_1) \cdot s_1} = 0{,}5 \cdot \sqrt{325 \cdot 25} = 50 \text{ mm},$$

$$a_2 = s_1 = 25 \text{ mm}$$

Mit den weiteren sich unmittelbar aus der Zeichnung ergebenden Maßen wird dann:

$$\frac{K}{f \cdot S_F} = \frac{23}{0{,}95 \cdot 1{,}5} = 16{,}1 .$$

Das rechte Glied der Formel,

$$\frac{p}{100} \cdot \left(\frac{F_p}{F_\sigma} + \frac{1}{2}\right), \text{ ergibt}$$

$$\frac{40}{100} \cdot \left(\frac{484 \cdot (63 + 25 + 150) + 150 \cdot (50 + 16)}{63 \cdot 16 + 50 \cdot 25 + 16 \cdot 25 + 25 \cdot 25} + \frac{1}{2}\right) = 15{,}4 .$$

Das Ergebnis, 16,1 > 15,4, bestätigt auch nach dieser Methode eine ausreichende Bemessung mit geringer Reserve. Dabei ist zu berücksichtigen, daß der Berechnung etwas zu ungünstige Werte zugrunde gelegt wurden. Entgegen den üblichen Belastungsverhältnissen ist hier der Halsstutzen wegen des innen liegenden Verschlußdeckels nicht auf Innendruck beansprucht, der Einfluß ist aber gering. Weiterhin wäre es möglich, für das Maß a_2 einen größeren Wert einzusetzen.

2.4. Auslegungsdaten für Ausrüstungsteile. Die zur sicherheitstechnischen Ausrüstung des Kessels gehörigen Anlageteile müssen nach TRD 401 bestimmten Anforderungen genügen.

2.4.1. Speiseeinrichtungen. Es sind mindestens zwei Speiseeinrichtungen erforderlich. Jede muß so bemessen sein, daß sie die dem 1,25fachen der Dampferzeugung entsprechede Speisewassermenge gegen den vollen Betriebsdruck sowie die 1fache Menge gegen den 1,1fachen Betriebsdruck fördern kann. Bei der 1,25fachen Menge wird ein *als zuverlässig anerkannter Wasserstandregler* vorausgesetzt; sonst muß die Fördermenge das 1,6fache der Dampferzeugung betragen. Antrieb der Speiseeinrichtungen muß im allgemeinen *aus zwei verschiedenen Energiequellen erfolgen,* Dampfantrieb allein ist zulässig. Wenn bei elektrischem Antrieb mit Ausfall der Energie auch die Feuerung ausfällt und im Kessel keine große Speicherwärme vorhanden ist, *können alle Speiseeinrichtungen elektrisch angetrieben werden,* sofern sie an die gleiche Verteilung wie die Ölfeuerung angeschlossen sind. Das wäre zwar im vorliegenden Fall möglich, es wird aber doch eine Aufteilung vorgenommen.

Mit dem Kessel soll auch bei Stromausfall die Dampferzeugung aufrecht erhalten werden. Um das *Notstromaggregat* zu entlasten (nur Gebläseantrieb u. Ölförderung) wird eine *Turbine mit Kreiselpumpe* für volle Leistung vorgesehen. Außerdem werden zwei gleichgroße *Kreiselpumpen mit E-Motor-Antrieb* für jeweils die halbe Leistung installiert. Die Speisewasserzufuhr zum Kessel wird durch *Regelventil in der Speiseleitung* selbsttätig geregelt. Für die Auslegung der Speisepumpen ergeben sich folgende Kennwerte (Nachweis durch Q, H-Kurve):

$$Q = 1{,}25 \cdot 8\,000 = 10\,000 \text{ kg/h} = 167 \text{ kg/min gegen } H = 140 \text{ m WS},$$

$$Q = 8\,000 \text{ kg/h} = 133{,}5 \text{ kg/min gegen } H = 154 \text{ m WS}.$$

Die Turbine wird für $n = 2\,900$ U/min vorgesehen, sodaß eine handelsübliche Pumpe unmittelbar gekuppelt werden kann und ggf. auch Antrieb durch E-Motor möglich ist. Die beiden kleinen Pumpen werden für $n = 1\,450$ U/min vorgesehen. Nach vorliegenden Diagrammblättern komen folgende Pumpen in Betracht:

1 Kreiselpumpe 2 900 U/min
167 kg/min gegen 155 m WS;
133,5 kg/min gegen 162 m WS

2 Kreiselpumpen 1 450 U/min je
84 kg/min gegen 155 m WS;
64 kg/min gegen 176 m WS.

Bei dieser Auslegung sind Reserven vorhanden zur Überwindung *statischer Druckhöhen* und für *Druckverluste* in Leitungen und Armaturen. In der *Speiseleitung* mit NW 50 beträgt die Strömungsgeschwindigkeit max. $w \approx 1{,}4$ m/s. Am Kessel ist ein *Rückschlagventil* und zwischen Kessel und Rückschlagventil ein Absperrventil angeordnet. Die Leitung wird über den Mantelscheitel des Kessels eingeführt und mündet in eine *Speiserinne,* die das Wasser über eine größere Kessellänge verteilt und unmittelbare Beaufschlagung einzelner Wandungsteile mit dem kälteren Speisewasser verhindert.

2.4.2. Sicherheitsventil. Das Sicherheitsventil muß im Falle des Versagens der Regelung *bei Überschreiten des zulässigen Betriebsdruckes ansprechen und imstande sein, die volle Dampferzeugung abzublasen, ohne daß der Druck im Kessel um mehr als 10 %, also bis max. 15,4 atü ansteigt.* Neben dem Dampfzustand hat vor allem die *Ausflußzahl* einen wesentlichen Einfluß auf den erforderlichen Ventilquerschnitt. Wird ein *Vollhubventil* mit einer Ausflußzahl $\alpha_W = 0{,}66$ vorgesehen, so wäre nach den geltenden Richtlinien [1]) ein *freier Ventilquerschnitt* erforderlich von

1) SR-Sicherheitsventile s. unter 5.4.

$$F_0 = \frac{x}{\alpha_W} \cdot \frac{D}{(p+1)} \text{ in mm}^2 .$$

Mit $p + 1 = 15$ ata (absolute Drücke wegen Anwendung der Gasgesetze, Entspannung auf $p = 1$ ata)

$x = 1{,}98$ Druckmittelbeiwert für Sattdampf bei $p = 15$ ata

$\alpha_W = 0{,}66$ im Rahmen der Bauteilprüfung zuerkannte Ausflußzahl nach Typenblatt

wird

$$F_0 = \frac{1{,}98}{0{,}66} \cdot \frac{8\,000}{15} = 1\,600 \text{ mm}^2.$$

Der *erforderliche freie Durchmesser* müßte also mindestens 45 mm betragen. Im allg. stehen Ventile zur Verfügung mit $d_0 = 50$ mm und Anschluß NW 65 oder NW 80. Am vorliegenden Kessel wird der Anschluß NW 80 ausgeführt.

Der Stutzen soll möglichst weit von den Anschlüssen für *Wasserstandregler und -begrenzer* entfernt angeordnet werden, weil im Falle des Abblasens wegen *Anheben des Wasserspiegels* durch die intensive Dampfströmung und die Druckentlastung ein zu günstiger Wasserstand vorgetäuscht werden kann.

Über die VdTÜV werden die Sicherheitsventile der verschiedenen Hersteller geprüft, der Wert α_W durch Prüfstandversuche ermittelt und bekannt gegeben. $\alpha_W = 0{,}66$ gilt als sicherer Richtwert für Vollhubventile. Der höchste festgestellte Wert *(größtmöglicher, konstruktiv begrenzter Hub,* der beim Abblasen nach einem geringen *Proportionalbereich* in jedem Fall erreicht wird und eine besonders strömungsgünstige Gestaltung der gesamten Dampfwege) liegt bei $\alpha_W = 0{,}82$. Damit wäre im vorliegenden Fall $F_{0\,\text{erf}} = 1\,290$ mm², so daß ein Ventil mit $d_0 = 40$ mm nicht mehr ausreichend wäre und mindestens ein Ventil mit $d_0 = 44$ mm eingebaut werden müßte, wie es von verschiedenen Herstellern geliefert wird.

Vollhubventile bedürfen aufgrund ihres konstruktiven Aufbaues sorgfältiger Wartung und Pflege. Soll ein weniger empfindliches Ventil verwendet werden, so könnte bei dem vorhandenen Anschluß von NW 80 mit $d_0 =$ 65 mm gerechnet werden und für das Ventil wäre eine Ausflußzahl nachzuweisen von

$$\alpha_W = \frac{x}{F_0} \cdot \frac{D}{p+1} = \frac{1{,}98 \cdot 8\,000}{3\,300 \cdot 15} = 0{,}32 .$$

Soll der Kessel aus betrieblichen Gründen mit einem *niedrigeren Druck gefahren werden, der auf keinen Fall überschritten werden darf,* so muß das Sicherheitsventil entsprechend eingestellt werden. Dabei ist aber zu beachten, *daß sich mit sinkendem Druck die Strömungsgeschwindigkeit verringert und deshalb für eine bestimmte Dampferzeugung der Ventilquerschnitt im umgekehrten Verhältnis der absoluten Drücke vergrößert werden muß.* Die oft gestellte Frage nach den erforderlichen Abmessungen des Sicherheitsventils ist also nur unter ganz bestimmten Voraussetzungen zu beantworten.

Die SR-Sicherheitsventile (s. u. 5.4) wurden im Oktober 1967 veröffentlicht und lösten die bisher angewendeten Richtlinien vom November 1957 ab. Hinsichtlich der Berechnung der erforderlichen Ausströmungsquerschnitte hat sich keine Änderung ergeben. Lediglich der Kennwert $\alpha/1{,}1$ (Ausflußzahl mit 10 % Sicherheit) ist ersetzt worden durch die Ausflußzahl α_W, wie sie nach dem Ergebnis der *Bauteilprüfung* als sicherer Rechnungswert zuerkannt wird. Bedingt durch die Entwicklung der Ventilkonstruktionen war die bisherige Einteilung (Niederhub-, Hochhub-, Vollhub-Sicherheitsventil) nicht mehr sinnvoll und hinsichtlich der *Öffnungscharakteristik* wird jetzt nur noch unterschieden zwischen *Proportional-* und *Vollhub-Sicherheitsventil. Beim Proportional-Sicherheitsventil vergrößert sich nach dem Ansprechen der Hub proportional dem an-*

steigenden Druck. Beim Vollhub-Sicherheitsventil darf der Proportionalbereich bis zum schlagartigen Öffnen höchstens 20 % des Gesamthubes bzw. 5 % des Ansprechdruckes betragen. Weiterhin wurde festgelegt, daß Sicherheitsventile innerhalb einer *Druckabsenkung von 7 %* unter Ansprechdruck wieder schließen sollen. Da auch eine Trennung (unterschiedl. Bauteilprüfzeichen) von Sicherheitsventilbauarten mit verschiedenen Anforderungen an den Gehäusewerkstoff in Abhängigkeit von der Druckstufe erfolgen soll, ist eine Nachprüfung der bisher erteilten *Bauteilprüfzeichen* vorgesehen. Das bisherige Kennzeichen-Schema 123·45·D/G·0,67·p mit

123 lfd. Nr. des Bauteilprüfzeichens

45 in mm Durchmesser d_0 des engsten freien Strömungsquerschnittes vor oder am Ventilsitz

D/G verwendbar für Dämpfe und Gase

0,67 = α_W Ausflußzahl

p in atü Ansprechdruck

wird beibehalten werden.

In den *SR-Sicherheitsventile* sind erstmalig Angaben enthalten über *Sicherheitsventile mit Zusatzbelastung, mittelbar wirkende Ventile (gesteuerte Ventile)* und über *sonstige Sicherheitseinrichtungen gegen Drucküberschreitung*, wie sie bei Kesseln mit hohem Druck und großer Dampferzeugung angewendet werden, um schlagartiges Ansprechen der Ventile und Dampfverluste zu vermeiden *(Überströmregler)*.

2.4.3. Ölfeuerung. Ebenso wie für Sicherheitsventile sind auch für Ölfeuerungen neben der Vereinbarung über die Wärmebelastung von Flammrohren (s. 2.2.4.5) Richtlinien aufgestellt worden, die jetzt als *SR-Öl* (s. unter 5.4) vorliegen. Darin betreffen die verschiedenen Angaben entsprechend den möglichen Gefahren im wesentlichen folgende Teilgebiete:

Öllagerung, Ölförderung und Ölvorwärmung unter dem Gesichtspunkt einer möglichen *Brand- oder Explosionsgefahr*, z. T. gleichzeitig wirksam als Maßnahmen zur *Reinhaltung der Gewässer.*

Gestaltung und Ausrüstung der Brenner und der Regelautomatik unter dem Gesichtspunkt, daß neben einem wirtschaftlichen Betrieb der Feuerung *das Einbringen von Öl in den Brennraum ohne ausreichende Luftzufuhr und ohne Zündung nur innerhalb für Anfahren und Betrieb festgelegter Zeitspannen (Sicherheitszeiten)* möglich ist. Weiterhin darf ein Betrieb der Feuerung nur möglich sein, *wenn die Rauchgaswege frei sind.*

Gefahren für den Kesselkörper aus den besonderen Eigenarten der Ölfeuerung durch geeignete Maßnahmen berücksichtigen (z. B. *Wasserstandbegrenzer, Anpassen des Streukegels von Düsen an die Gestalt des Feuerraumes, Flammrohrauskleidung).*

Wesentliche Anforderungen an Ölbrenner und Ölfeuerungsautomaten sind enthalten in DIN 4787 (s. 5.5).

In der vorliegenden Kesselanlage wurden die einzelnen Gesichtspunkte z. B. folgendermaßen berücksichtigt: Da der Parkplatz nur für PKW vorgesehen ist, wird er unterkellert und das Öl in Tanks nach DIN 6616, mit je 100 000 l Inhalt gelagert. *Diese Lagerung gilt nicht als unterirdisch im Sinne der TVbF.* Die Behälter werden isoliert, jeder erhält einen besonderen Füllanschluß, die Tankfahrzeuge halten auf der an dem Parkplatz vorbeiführenden Straße (Gleis- oder Wasserstraßenanschluß kann nicht in Anspruch genommen werden). In den im unteren Teil eines Tankbodens angeordneten Halsstutzen werden *Entnahme- und Rücklaufleitung* eingeführt, sowie die *Dampfheizung mit Kondensatrücklauf.* Soweit das im warmen Zustand angelieferte Öl infolge zwischenzeitlicher Abkühlung nicht mehr pumpbar ist, wird eine geringe Menge im Bereich der Entnahme auf etwa 50 °C erwärmt um es in den *Zwischenbehälter (Tagesvorrat)* im Kesselhaus pumpen zu können.

Die *Ausbildung des Lagerraumes als öldichte Wanne* wird für Öl, das zum Pumpen erwärmt werden muß, nicht gefordert. Eine *Schwelle* bis zur Höhe der Rohrleitungen wird rings um jeden Behälter trotzdem vorgesehen. Auf ihr kann bei einer ggf. notwendigen Umstellung auf Heizöl EL (extra leichtflüssig), z. B. wegen Forderungen der Luftreinhaltung, unmittelbar eine Wanne aufgebaut und auch eine vollkommene räumliche Trennung der einzelnen Tanks vorgenommen werden. Bei einer *teilweise unterirdischen Lagerung* (Tanks unmittelbar im Erdreich mit Ausnahme des Bodens mit den Anschlüssen) wäre eine spätere Umstellung nicht möglich oder es hätten von vornherein doppelwandige Tanks verwendet werden müssen. Die *Entlüftungsleitungen* der Behälter werden zusammengeführt und das Sammelrohr an einem gegenüberliegenden Gebäude bis auf 2,5 m über Erdgleiche nach oben gezogen. *Kontrolle des Füllstandes* der Tanks ist zuverlässig nur mit *Peilstab* möglich. Der Verbrauch kann mit *Durchflußzähler* am Brenner überwacht werden (Rücklaufmenge ebenfalls messen). Die Abfüllsicherung (s. 1.8) ist nur bis Heizöl *L* geeignet. Die weitere Heizölvorwärmung im Hinblick auf die für die Verbrennung notwendige Temperatur bzw. *Viskosität* erfolgt in dem Zwischenbehälter im Kesselhaus und in einem unmittelbar vor dem Brenner angeordneten *Durchlaufvorwärmer.* Wenn auch im allg. die Öltemperatur als Regelgröße herangezogen wird, sollte zumindest in der letzten Stufe unmittelbar auf die günstigste Viskosität geregelt werden. Der Aufwand ist besonders bei größeren Anlagen vertretbar und wenn mit Öllieferungen unterschiedlicher Qualität gerechnet werden muß. Das aus den Heizungssystemen der Behälter zurückfließende *Kondensat muß auf Ölfreiheit überwacht werden können,* wenn es als Speisewasser verwendet werden soll.

Die Anforderungen, die an den Ölbrenner selbst und an die *Ölfeuerungsautomatik* gestellt werden, sind in DIN 4787 (s. 5.5) festgelegt. Da es schwierig ist, die

Einzelforderungen am Einbauort nachzuprüfen und ggf. nachträglich zu erfüllen, wird der Nachweis für ein Gerät jeweils durch eine *Baumusterprüfung* erbracht. Geprüfte *Ölbrenner* werden neben dem DIN-Zeichen gekennzeichnet mit BN 1234/56 (1234 lfd. Nr.; 56 Jahreszahl, hier 1956) und *Ölfeuerungsautomaten mit* Rg 1234/56 (s. BN). Die geprüften Geräte mit ihren Anwendungsgrenzen werden in gewissen Zeitabständen in den *DIN-Mitteilungen* bekanntgegeben.

In der vorliegenden Anlage mußten im wesentlichen folgende Anforderungen erfüllt und in den Erlaubnisunterlagen festgelegt werden:

Inbetriebnahme des Ölbrenners darf nur möglich sein, wenn

ausreichender Wasserstand im Kessel vorhanden ist (Wasserstandbegrenzer vorgeschrieben für Großwasserraumkessel),

das Öl die *erforderliche Vorwärmtemperatur oder Viskosität* besitzt,

die *Rauchgaswege* frei sind,

der zwecks Reinigung des Zerstäuberbechers betriebsmäßig *ausschwenkbare Brenner fest mit dem Kessel verbunden ist.*

Die *Freigabe der Propanzufuhr zum Zündbrenner* darf erst erfolgen, wenn

das *Flammenüberwachungsgerät* ordnungsgemäß eingesetzt ist und keinen Impuls von Tages- oder künstlichem Licht oder einer noch glühenden Ausmauerung erhält *(Sicherheit gegen Vortäuschen einer Flamme),*

eine ausreichende *Durchlüftung des Feuerraumes* und der Züge stattgefunden hat (3facher Luftwechsel und bei getrenntem Antrieb von Verbrennungsluftgebläse und Ölpumpe besondere Überwachung auf ausreichende Verbrennungsluftzufuhr),

die Brennerregelung auf *Kleinlaststellung* gefahren ist.

Die *Freigabe der Ölzufuhr* darf erst erfolgen, wenn

die *Zündsicherung* der gaselektrischen Zündung das ordnungsmäßige Brennen der Zündflamme meldet.

Die *Ölzufuhr muß unterbrochen werden,* wenn

eine der vorstehend genannten Voraussetzungen entfällt (aber Zündflamme muß nicht dauernd brennen),

beim *Anfahren 5 Sekunden nach Freigabe der Ölzufuhr keine Ölflamme* entstanden ist,

während des Betriebes die Ölflamme erlischt, Abschaltung spätestens nach Ablauf 1 Sekunde.

Am Brenner selbst muß in der Ölzuleitung ein v. Hd. bedienbares *Schnellschlußventil* vorhanden sein. Auf den Fluchtwegen oder an sonstigen jederzeit ohne Gefahr erreichbaren Stellen müssen *Not-Ausschalter* angeordnet sein, mit denen im Gefahrenfall die Feuerung einschließlich der Ölpumpen abgeschaltet werden kann. Nach Netzunterbrechungen oder Ausfall der Steuerspannung *darf eine Anlage nicht von selbst wieder anlaufen.* Abgewandelte Bedingungen, z. B. bei Verzicht auf besondere Überwachung der Zündflamme wenn kurze Vorzündzeiten ausreichen, sind möglich. Maßgebend sind immer die jeweils gültigen Fassungen der einzelnen Vorschriften.

Neben den wesentlichen Forderungen, die zugleich als Bedingung für die Erlaubnis gelten, ergeben sich entsprechend dem Grad der Automatisierung oder bei Inanspruchnahme der Möglichkeit einer *mittelbaren Beaufsichtigung*[1]) weitere Anforderungen. In den SR-Öl sind dazu eine Anzahl von Richtlinien und Normen aufgeführt, die ggf. zu beachten sind. Bei anderen Feuerungen sind entsprechend andere Voraussetzungen zu erfüllen. Bei *Anlagen mit gemischten Feuerungen gelten die einzelnen Richtlinien jeweils für den betreffenden Teil.* So werden z. B. noch besondere Richtlinien für die *Verwendung von Flüssiggas für Zündanlagen* in Dampfkesseln aufgestellt.

1) S. TRD 602.

3. Einzel-Rechenbeispiele

Neben den für den Flammrohr-Rauchrohr-Kessel durchgeführten Berechnungen kommen für andere Kesselbauarbeiten weitere Berechnungen in Betracht, von denen einige Beispiele gegeben werden.

3.1. Kesseltrommel mit Lochfeldern. Neben Einzelausschnitten, wie z. B. Stutzen für Rohranschlüsse oder Mannlöcher (s. unter Nr. 2.3.5), bei denen in geeigneter Weise eine Ausschnittverstärkung durchgeführt werden kann, sind die Verhältnisse bei *Lochreihen* in Längs- und Umfangsrichtung oder bei *Lochfeldern* besonders zu berücksichtigen. Bei großen Trommelwanddicken werden die Rohre meistens eingewalzt und ggf. dicht geschweißt; angeschweißte *Nippel*[1]) kommen als Ausschnittverstärkung nur in Ausnahmefällen in Betracht.

Entsprechende Berechnungsvorschriften sind in TRD 301 besonders angegeben. Grundsätzlich wird auf eine *Teilung* (Mittenabstand zweier Löcher) bezogen und mit

t in mm Teilung d in mm Lochdurchmesser

ist Verschwächungsbeiwert $v = \frac{t - d}{t}$.

Da für die Berechnung zylindrischer Mäntel die *Umfangsspannung* maßgebend ist, bei dünnwandigen Zylindermänteln die *Längsspannung* aber nur 0.5 · Umfangspannung beträgt (über die Wanddicke konstant angenommen), muß zwischen Verschwächungsbeiwert in Längsrichtung und Umfangsrichtung unterschieden werden. Als *dünnwandige Zylindermäntel*, bei denen die Verteilung der Umfangsspannung und der Komponente in radialer Richtung über die Wanddicke vernachlässigt werden können, gelten im allgemeinen solche, bei denen das Verhältnis Außendurchmesser zu Innendurchmesser $\leq 1{,}2$. Nach

---

1) Kurze Rohrstutzen, die vor der letzten Wärmebehandlung mit der Trommel verschweißt werden. Kesselrohre werden an die Nippel angeschweißt ohne den Gefügezustand der Trommel zu beeinflussen.

TRD 301 gelten die etwas korrigierten Formeln noch bis $d_a/d_i \leqq 1{,}6$ und mit gestaffelten Hilfswerten kann bis zu $d_a/d_i = 2{,}0$ gerechnet werden. Es gilt mit den Indizes l und u für Längs- und Umfangsrichtung

$$v_l = \frac{t_l - d}{t_l} \qquad v_u = 2 \cdot \frac{t_u - d}{t_u}$$

In einem *Rohrfeld mit versetzten Lochreihen* ist weiterhin zu prüfen, ob in den *Stegen* zwischen den Löchern zweier benachbarter Rohrreihen die zulässige Spannung nicht überschritten wird. Hierfür und für den Fall unterschiedlicher Teilung in den einzelnen Lochreihen sind in den Erläuterungen zu TRD 301 die betreffenden Gleichungen angegeben. Da z. T. umständliche Rechnungen mit den Funktionen der sich aus der Anordnung ergebenden Winkel erforderlich sind, hat man für den meist vorkommenden Fall der symmetrisch versetzbaren Lochreihen ein Diagramm entwickelt, aus dem man in Abhängigkeit von v_l und t_u/t_l den maßgebenden Wert v unmittelbar ablesen kann.

Für die *Obertrommel eines Wasserrohrkessels* ergeben sich die Hauptmaße und der Trommel-Bohrplan nach Bild 3.1.

Weiterhin liegt folgendes fest:

Berechnungsdruck $p = 80$ atü ≙ 81 ata (höchstzul. Betriebsdr.)

Sättigungstemperatur $t_S = 294{,}48$ °C ≈ 295 °C

Berechnungstemperatur $t = t_S + 20$ grd bei gegen Feuergas abgedeckter Wand, $t = 295 + 20 = 315$ °C

Werkstoff: Sonderstahl mit $\sigma_B = 58 \cdots 70$ kp/mm²
$K_{315} = 33{,}5$ kp/mm²

Sicherheitsbeiwert $S = 1{,}5$ für geschweißte Schüsse

Schweißnahtwertigkeit $v_S = 0{,}9$ (*Arbeitsprüfung* am Stück nach TRD 201)

Zuschlag $c = 0{,}9$ mm Minustoleranz nach DIN 1543, Abnutzungs- und Korrosionszuschlag entfällt bei Wanddicken über 30 mm

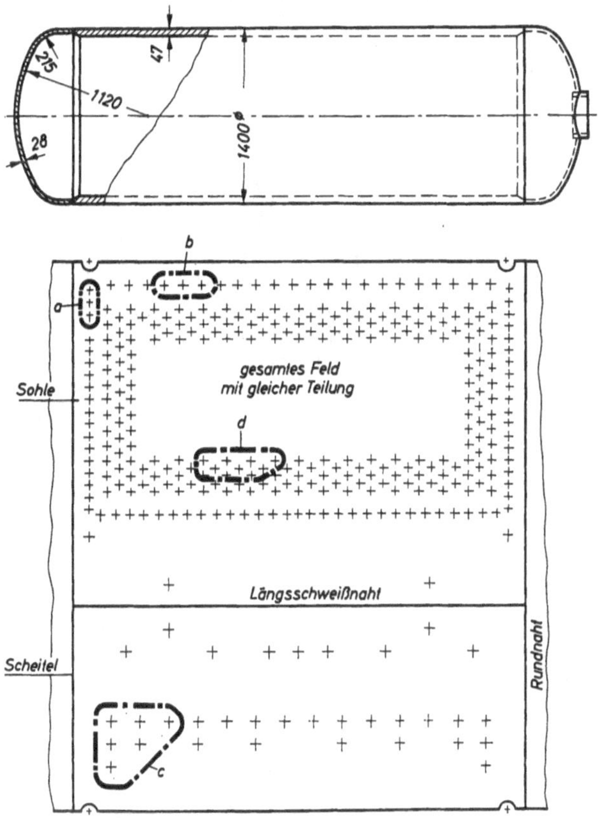

Bild 3.1. Dampfkessel-Obertrommel mit Bohrplan.

Für die besonders bezeichneten Stellen **a** bis **d** ist der Verschwächungsbeiwert zu ermitteln und festzustellen, ob die vorgesehene Wanddicke ausreichend ist. Die *Umfangsteilungen* werden im allgemeinen im Gradmaß angegeben, für die Berechnung ist das *Bogenmaß in Wandmitte* einzusetzen.

Einzelheit a.

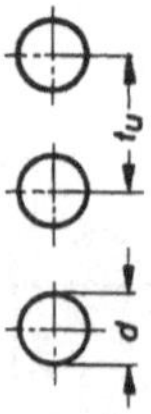

Bild 3.2. Umfangsteilung a.

$$t_u = 8° \triangleq \frac{8}{360} \cdot \pi \cdot (1\,400 - 47) =$$

$$= 94{,}3 \text{ mm}$$

$$d = 41{,}4 \text{ mm}$$

$$v_u = 2 \cdot \frac{94{,}3 - 41{,}4}{94{,}3} = 1{,}12.$$

Dieser Wert erscheint widersinnig, er ergibt sich aber aus dem Bezug auf die Umfangsspannung (s. vorstehend).

Einzelheit b.

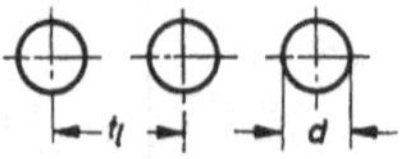

Bild 3.3. Längsteilung b.

$$t_l = 150 \text{ mm} \qquad d = 68{,}5 \text{ mm}$$

$$v_l = \frac{150 - 68{,}5}{150} = 0{,}543$$

Einzelheit c.

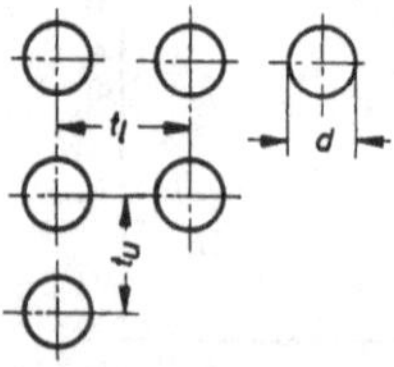

Bild 3.4. Feldteilung c.

$$t_l = 240 \text{ mm} \qquad d = 99 \text{ mm}$$

$$t_u = 15° \triangleq \frac{15}{360} \cdot \pi \cdot 1\,353 = 177 \text{ mm}$$

$$v_l = \frac{240 - 99}{240} = 0{,}587$$

$$v_u = 2 \cdot \frac{177 - 99}{177} = 0{,}88$$

Einzelheit d.

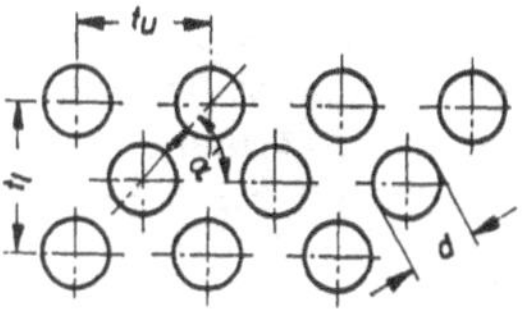

Bild 3.5. Feldteilung d.

$t_l = 200$ mm $\qquad d = 57{,}5$ mm

$t_u = 10° \mathrel{\hat{=}} 118$ mm

$$v_l = \frac{200 - 57{,}5}{200} = 0{,}71$$

$$\frac{t_u}{t_l} = \frac{118}{200} = 0{,}59$$

$\leftarrow v_{\text{diagonal}} =$ **0,538** nach Diagramm, Anhang zu TRD 301.

Nach diesen Ergebnissen ist für die Berechnung der Trommelwanddicke die Beanspruchung in dem besonders gekennzeichneten Steg zwischen den Löchern zweier Lochreihen des Feldes d maßgebend und die erforderliche Wanddicke beträgt (TRD 301)

$$s = \frac{d_a \cdot p}{200 \cdot \frac{K}{S} \cdot v + p} + c \quad \text{in mm}$$

$$s = \frac{1\,400 \cdot 80}{200 \cdot \frac{33{,}5}{1{,}5} \cdot 0{,}538 + 80} + 0{,}9 = 46{,}1 < 47 \text{ mm}.$$

Die Trommelwand ist demnach ausreichend bemessen. Eine Ausführung mit zwei *Schalen verschiedener Dicke* hätte hier keinen Sinn, weil auch außerhalb des Rohrfeldes d entsprechende Verschwächungen vorhanden sind.

Eine Schweißnahtwertigkeit $v = 0{,}9$ wäre nach dem Rechnungsgang nicht erforderlich weil die Wanddicke entsprechend $v = 0{,}538$ bemessen ist. Die angegebene Schweißnahtwertigkeit hat hier vielmehr den Sinn, eine *Prüfung der Nähte nach TRD 201* festzulegen. Durch *zerstörungsfreie Prüfung sämtlicher Längs- und Rundnähte* (Durchstrahlung, Ultraschall) und *magnetische Durchflutung von Stutzen- und Kehlnähten* überzeugen sich

Hersteller und Bauprüfer davon, daß keine Risse oder Fehlstellen vorhanden sind, die später Ausgangspunkt für Schäden sein können. Durch *Zug-, Falt- und Kerbschlagproben* aus an den Schüssen mitgeschweißten *Probeplatten* und durch *Gefügeuntersuchungen* nach der Wärmebehandlung der Trommel wird festgestellt, ob die Schweißverbindung allen Anforderungen gerecht wird. Die Prüfung der fertigen Trommel nach der letzten Wärmebehandlung (s. unten) bleibt davon unberührt.

Die *Wärmebehandlung der Trommel* muß genau nach den Angaben des Stahlherstellers erfolgen, um im Endzustand die vorgegebenen Festigkeitswerte zu erreichen. Nach dem Schweißen der Längs- und Rundnähte und Einschweißen aller Ausschnittverstärkungen und Nippel und Durchführen der letzten Wärmebehandlung wird *an ausgebohrten Probestücken* festgestellt, ob die vereinbarten Werkstoffkennwerte erreicht worden sind. Erst wenn die Bestätigung vorliegt, wird die Trommel zur Weiterbearbeitung freigegeben.

3.2. Gewölbter Boden einer Kesseltrommel. Der gewölbte Boden der Kesseltrommel nach Abschn. 3.1 ist nur im *Wölbungsteil* (Wölbungsradius $r_W = 1\,120$ mm) festigkeitstechnisch als Teil einer Kugel zu berechnen. Im *Krempenteil* (Krempenradius $r_K = 215$ mm) ergeben sich unter Innendruckbelastung Biegespannungen, die theoretisch nur sehr schwer zu erfassen sind. Für übliche Bodenformen, hier ein sog. *tiefgewölbter Boden in Korbbogenform* mit $r_W = 0{,}8 \cdot d_a$ und $r_K = 1/6{,}5 \cdot d_a$, ist in TRD 303 eine Berechnungsweise angegeben. Durch einen *Beiwert* β wird berücksichtigt, wieviel mal so groß bei den einzelnen Bodenformen die Spannung in der Krempe ist als in einer Kugelschale mit Radius d_a.

Die erforderliche Wanddicke beträgt unter Berücksichtigung der Beanspruchung in der Krempe

$$s = \frac{d_a \cdot p \cdot \beta}{400 \cdot K/S} + c \quad \text{in mm}$$

d_a = 1 400 mm Manteldurchmesser
p = 80 atü Berechnungsdruck
β = 2,0 Berechnungsbeiwert
K = 34 kp/mm² Festigkeitskennwert (gleicher Werkstoff wie Trommel) für t = 295 °C, $t = t_S$ weil Böden außerhalb des Feuerraumes, also unbeheizt
S = 1,5 Sicherheitsbeiwert
c = 1,5 mm Zuschlag, 1 mm Zuschlag für Abnutzung u. Korrosion bei Wanddicken < 30 mm, 0,5 mm Minustoleranz nach DIN 1543

$$s = \frac{1\,400 \cdot 80 \cdot 2}{400 \cdot 34/1{,}5} + 1{,}5 = 26{,}5 \text{ mm} < 28 \text{ mm}.$$

Die Böden sind in der Krempe ausreichend bemessen.

Die *Ausschnitte in den Böden* (Mannloch, Stutzen) werden in den Wölbungsbereich gelegt und, soweit erforderlich, entsprechend verstärkt (s. Abschn. 2.3.5) wobei auf eine Kugel mit $d_i = 2 \cdot r_W$ = 2 240 mm zu beziehen ist. Im Wölbungsteil des Bodens wäre nach TRD 303 mit β' = 1,8 nur eine Wanddicke erforderlich von

$$s' = \frac{1\,400 \cdot 80 \cdot 1{,}8}{400 \cdot 34/1{,}5} + 1{,}5 \approx 23{,}7 \text{ mm}.$$

Als Wanddicke einer *Vollkugelschale* mit Innendurchmesser d_i = 2 240 mm würde sich z. B. nach AD-Merkblatt B 1 eine Wanddicke ergeben von

$$s_K = \frac{2\,240 \cdot 80}{400 \cdot 34/1{,}5} + 1{,}5 = 21{,}3 \text{ mm}.$$

Bei einer vollkommenen Kugelschale könnte die Wanddicke also noch dünner ausgeführt werden. Bei Berechnung des Wölbungsteiles eines Bodens kann dieser Berechnungsgang nicht unmittelbar angewendet werden, weil *die Einspannung des Kugelabschnittes durch die Bodenkrempe nicht die gleichen Spannungsverhältnisse gewährleistet wie bei einer Vollkugelschale.*

3.3. Berechnung von Kesselbauteilen mit Zeitstandfestigkeitswerten. Werden Kesselbauteile bei Temperaturen über ≈ 350 °C betrieben, so setzt bei einer bestimmten Beanspruchung unter konstanter Last eine stetige Formänderung ein, die auch nicht durch Verfestigung zum Stillstand kommt, *der Werkstoff kriecht.* Beim Überschreiten der Warmstreckgrenze muß unmittelbar mit dem Versagen des Bauteiles gerechnet werden und *ein einmal berücksichtigter Sicherheitsbeiwert gilt,* unabhängig von Wanddickenminderungen aus anderen Gründen, *für die gesamte Lebensdauer des Bauteiles. Im Bereich des Kriechens spielt die Zeit eine ausschlaggebende Rolle.* Eine in die übliche Rechnung einbezogene Sicherheit ist nur für die dem Festigkeitskennwert zugeordnete Zeitdauer gegeben *(Spannungssicherheit).* Mit weiter fortschreitender Beanspruchungszeit wird dann die vorhandene Sicherheit immer geringer bis der Bruch eintritt; man spricht von einer *Zeitsicherheit, deren Verlauf je nach Werkstoff und Temperaturbereich verschieden ist.* Als Festigkeitskennwerte sind üblich die

100 000 Stunden-Zeitstandfestigkeit $\sigma_{B/100\,000}$, das ist die Beanspruchung bei der nach 100 000 h mit dem Bruch des Bauteiles gerechnet werden muß,

1 %-100 000 Stunden-Zeitdehngrenze $\sigma_{1/100\,000}$, *das ist* die Beanspruchung unter der das Bauteil sich nach 100 000 h um 1 % bleibend gedehnt hat.

Bezug auf andere Zeiten ist bei entsprechenden Anwendungsfällen möglich und zweckmäßig.

Wie sich aus Bd. II Bild 9.1 ergibt, liegt die Temperatur von der an die Zeitstandfestigkeitswerte für die Berechnung maßgebend sind (Schnittpunkt der Kurven für $\sigma_{0,2/t}$ und $\sigma_{B/100\,000/t}$). bei den einzelnen Werkstoffen verschieden. Außerdem ist die Neigung der $\sigma_{B/100\,000}$-Kurve und damit die *Empfindlichkeit des Werkstoffes gegen Übertemperaturen* verschieden. Der Verlauf der $\sigma_{1/100\,000}$-Kurve ist wieder ein anderer. Da die Verhälnisse nicht so ohne weiteres zu übersehen sind, ist in den TRD neben Anwendung verschiedener Temperaturzuschläge je nach Beheizungsart und Gewährleistung einer konstanten Heißdampftemperatur folgender Berechnungsgang festgelegt.

Bei Berechnungstemperaturen über 350 °C sind als Berechnungskennwerte zu ermitteln:

a) $\frac{\sigma_{0,2/t}}{1,5}$ Warmstreckgrenze bei Berechnungstemperatur mit Sicherheit 1,5;

b) $\frac{\sigma_{B/100\,000/t}}{1,5}$ Zeitstandfestigkeit bei Berechnungstemperatur mit Sicherheit 1,5;

c) $\frac{\sigma_{1/100\,000/t}}{1,0}$ 1 %-Zeitdehngrenze bei Berechnungstemperatur mit Sicherheit 1,0;

d) $\frac{\sigma_{B/100\,000/(t+15)}}{1,0}$ Zeitstandfestigkeit bei einer Temperatur, die um 15 grd über der Berechnungstemperatur liegt, mit Sicherheit 1,0.

Der kleinste Wert ist für die Berechnung nach den üblichen Gleichungen maßgebend (entspricht *K/S*).

Nach der Höhe der Werte a) und b) wird über die Berechnungsmethode entschieden. Durch Berücksichtigen des Wertes c) soll verhindert werden, daß sich im Betrieb zu große *Formänderungen* ergeben. Durch den Wert d) wird berücksichtigt, daß sich betriebsmäßig die Heißdampftemperaturen, insbesondere die Temperaturen einzelner Stränge, nicht mit der erforderlichen Genauigkeit einhalten lassen, wie sie die *Temperaturabhängigkeit des Festigkeitskennwertes* erfordern würde. Je nach Werkstoff und Temperaturbereich können bereits *geringe Temperaturänderungen erhebliche Änderungen der Festigkeitskennwerte* zur Folge haben.

Für einen *Heißdampf-Austrittssammler* [1]) mit den Abmessungen nach Bild 3.6 ist nachzuprüfen, ob er für die nachstehend angegebenen Betriebsverhältnisse ausreichend bemessen ist.

Berechnungsdruck p = **148 atü**
Heißdampftemperatur t_H = 530 °C
Berechnungstemperatur $t = t_H + 15$ grd, wenn durch vorgeschaltete Kühler oder sonstige Maßnahmen mit einer geregelten Temperatur gerechnet werden kann

$$t = 530 + 15 = \mathbf{545\ °C}$$

Werkstoff:
Nahtloses Rohr aus 10 CrMo 9 10 nach DIN 17 175

$\sigma_{0,2/545}$ = - - - [2])
$\sigma_{B/100\,000/545}$ = 8,1 kp/mm²; 8,1/1,5 = **5,4 kp/mm²**
$\sigma_{B/100\,000/560}$ = 6,5 kp/mm²
$\sigma_{1/100\,000/545}$ = 5,95 kp/mm²

Sicherheitsbeiwert S = **1,5**

Zuschlag c = **0 mm;** Sammler werden nach TRD 107 nur mit Plustoleranz geliefert, Abnutzungs- und Korrosionszuschlag für $s > 30$ mm = 0 mm

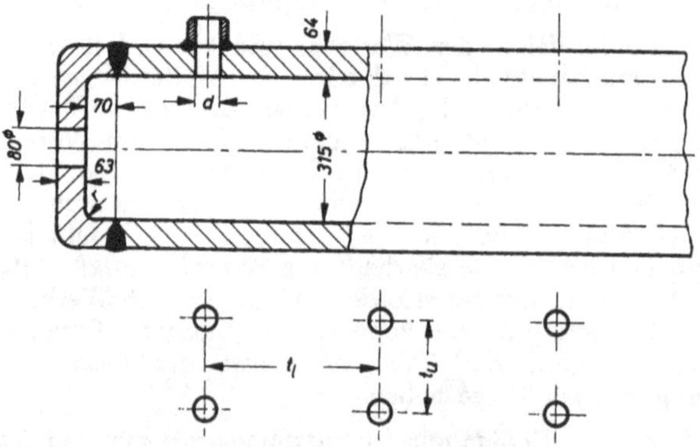

Bild 3.6. Heißdampf-Austrittssammler.

Für Sammler ist die Berechnung nach TRD 301 vorgeschrieben und die für Bestimmungen der Wanddicke anzuwendende Gleichung lautet:

$$s = \frac{d_i \cdot p}{\frac{200}{\beta} \cdot \frac{K}{S} \cdot v - p} + c \quad \text{in mm}$$

$$\text{Verhältnis } \frac{d_a}{d_i} = \frac{433}{315} = 1{,}4 < 1{,}6;$$

so daß der Faktor zur Berücksichtigung des Durchmesserverhältnisses $\beta = 1{,}0$

$t_l = 400$ mm $\quad d = 63{,}9$ mm $\quad t_u = 60° \mathrel{\hat{=}} 198{,}2$ mm

$$v_l = \frac{400 - 63{,}9}{400} = \mathbf{0{,}84}; \quad v_u = 2 \cdot \frac{198{,}2 - 63{,}9}{198{,}2} = 1{,}35 > 1\,.$$

Wegen der verhältnismäßig *großen Längsteilung* ist noch zu prüfen, wie groß für die Wand mit angeschweißtem Nippel als *Einzelausschnitt* der Verschwächungsbeiwert ist (AD-Merkblatt B 9). Für Rohr 88,9 · 12,5 ist nach DIN 17 175 das zulässige

Untermaß $c = 10\,\%$ der Wanddicke = 1,25 mm, Zuschläge für Abnutzung und Korrosion werden nur in Sonderfällen gefordert

Ist weiterhin

$d_A = 88{,}9$ mm Ausschnittdurchmesser bei aufgesetztem Stutzen (Nippel),

$d_a = 433$ mm Sammler-Außendurchmesser,

$s_A = 64$ mm Sammler-Wanddicke am Ausschnitt,

---

1) Als *Sammler* gelten unabhängig von der Durchströmung Rohre, in die drei oder mehr Rohre nicht axial einmünden, wenn $d_i < 600$ mm, $d_a > 76{,}1$ mm, $s \geqq 3$ mm.

2) Ein Wert $\sigma_{0,2/545}$ ist nicht bekannt, aber bereits bei 500 °C beträgt $\sigma_{0,2} = 19$ kp/mm² und $\sigma_{B/100\,000} = 15$ kp/mm², so daß $\sigma_{0,2}$ als Berechnungsgrundlage eindeutig ausscheidet.

$s_1 = 12{,}5$ mm Nippelwanddicke,
so werden

$$\text{Kennwert}\quad \frac{d_A}{\sqrt{d_a \cdot (s_A - c)}} = \frac{88{,}9}{\sqrt{433 \cdot 64}} = 0{,}56,$$

$$\text{Kennwert}\quad \frac{s_1 - c}{s_A - c} = \frac{12{,}5 - 1{,}25}{64} = 0{,}176.$$

Aus Diagramm in *AD-Merkblatt B 9* ergibt sich damit Ausschnitt-Verschwächungsbeiwert $v_A = 0{,}85$.

Mit den für die Berechnung maßgebenden Werten wird die erforderliche Wanddicke des Sammlers

$$s = \frac{315 \cdot 148}{\frac{200}{1} \cdot \frac{8{,}1}{1{,}5} \cdot 0{,}84 - 148} + 0 = 61{,}5 < 64 \text{ mm}.$$

Der Sammler ist somit hinsichtlich der Wanddicke ausreichend bemessen. Eine volle Auslastung würde sich bereits bei einer Berechnungstemperatur von 547,8 °C mit $\sigma_{B/100\,000} = 7{,}8$ kp/mm² ergeben. Die vorgesehene *Temperatursicherheit* von 15 grd beträgt damit max. 17,8 grd.

Der senkrecht am Kessel angeordnete Sammler geht unten in die zur Turbine führende Heißdampfleitung über. Am oberen Ende wird er durch einen angeschweißten, *ebenen Boden abgeschlossen*. Der Boden hat einen auf Sammlerabmessungen bearbeiteten Ansatz, der durch eine *U-Naht* [1]) mit dem Sammler verschweißt wird. Die Voraussetzung, daß der Boden bei der vorgesehenen Konstruktion als *fest eingespannt im Sinne der Berechnungsweise* nach TRD 305 gelten kann, sind wie folgt erfüllt:

Krempenradius $r = 30 \text{ mm} > s/3 = 21$ mm
> 8 mm

Höhe der Andrehung $= 70 \text{ mm} > s = 63$ mm

---

1) S. DIN 2559.

Die Dicke eines ebenen *Vollbodens* errechnet sich zu

$$s = C \cdot d_i \cdot \frac{p}{100} \cdot \frac{S}{K} + c \quad \text{in mm}.$$

Zur *Berücksichtigung eines Ausschnittes* mit Durchmesser d_A bestehen z. Zt. noch keine verbindlichen Vorschriften. Entsprechende Vorschläge laufen auf Einsetzen eines *äquivalenten Durchmessers* $d_ä$ hinaus. Setzt man $d_ä = \sqrt{d_i^2 + d_A^2}$ so werden die Verhältnisse nur sehr ungenau erfaßt. Eine andere Methode rechnet mit $d_ä = \varphi \cdot d_i$, wobei φ von der Art der Einspannung (Spannungsmaximum an verschiedenen Stellen) und vom Verhältnis d_i/d_A abhängig ist. Mit zunehmendem Ausschnittdurchm. d_A wird die Wirkung des über die gesamte Platte gleichmäßig wirkenden Druckes durch eine größer werdende Ringkraft mit kleiner werdendem Hebelarm ersetzt. Im vorliegendem Fall wäre mit $\varphi = 1{,}07$ zu rechnen. so daß mit

$C = 0{,}35$ Berechnungsbeiwert für fest eingespannte ebene Platten

$d_i = 315$ mm Einspanndurchmesser der ebenen Platte

$p = 148$ atü Berechnungsdruck

Werkstoff: 10 CrMo 9 10, $K = 8{,}1$ kp/mm² (wie Sammler)

$S = 1{,}5$ Sicherheitsbeiwert

$c = 0$ mm Zuschlag für Korrosion und Abnutzung für Landdampfk. bei ebenen Platten = 0, Herstellungstoleranz (Drehteil) nur Plustol.

$$s = 0{,}35 \cdot 1{,}07 \cdot 315 \cdot \sqrt{\frac{148}{100} \cdot \frac{1{,}5}{8{,}1}} = 61{,}7 \text{ mm} < 63 \text{ mm}.$$

Der Sammler ist mit den vorgesehenen Wanddicken ausreichend bemessen.

Bei den mit Zeitstandfestigkeitswerten berechneten Kesselbauteilen ist mit der erstmaligen Nachrechnung der Wanddicken die festigkeitstechnische Prüfung nicht abgeschlossen. Die Teile bedürfen, unabhängig von den allg.

vorgeschriebenen wiederkehrenden Prüfungen, *einer weiteren Beobachtung im Betrieb* aus folgenden Gründen:

Die eingesetzten Zeitstandsfestigkeitswerte sind *Mittelwerte eines Streubandes* mit einem Bereich von ± 20 % um diese Mittelwerte.

Die Zeitstandsfestigkeitswerte sind z. T. durch *Extrapolation im doppelt-logarithmischen Netz* entstanden (der Verlauf ist hier annähernd als Gerade darstellbar) und es können im Laufe der Zeit *Korrekturen* erforderlich werden. Die echte Ermittlung eines 100 000 h-Wertes umfaßt eine Zeitspanne von etwa 11,5 Jahren (s. S. 98).

Die *tatsächliche Betriebsweise* des Kessels und besonders die tatsächlich auftretenden Temperaturen werden in den wenigsten Fällen mit den angenommenen Werten übereinstimmen. Der Temperatureinfluß muß von Fall zu Fall besonders erfaßt werden.

Die beteiligten Stellen haben sich auf ein System geeinigt, bei dem in großen Zügen wie folgt verfahren wird: *Vor Baubeginn* wird für die besonders zu beobachtenden Teile ein *Meßstellenplan* für Druck-, Temperatur- und Dehnungsmessungen aufgestellt. *Anläßlich der festigkeitstechnischen Prüfung* der Teile wird eine Zusammenstellung angefertigt, in der neben allen Berechnungswerten auch die *vorh. Sicherheiten gegen den Kennwert* und die *Temperatursicherheit* angegeben sind. Damit sind der Ausnutzungsgrad des Werkstoffes und die *Empfindlichkeit des Bauteiles gegen Temperaturänderungen* unmittelbar ersichtlich. *Bei der Bauprüfung* werden die Ausgangsmaße an den *Dehnungsmeßstellen* festgelegt. *Bei der Abnahmeprüfung und während des ersten Betriebsjahres* werden die *tatsächlich auftretenden Druck- und Temperaturverhältnisse* mit den Auslegungswerten verglichen und der Einfluß von Teillasten, Heizflächenverschmutzungen und dergl. auf das Betriebsverhalten für alle in Frage kommenden Bauteile festgestellt.

Aus den Aufschreibungen des ersten Jahres werden für die einzelnen Kesselteile die maßgebenden Werte für Druck und Temperatur festgelegt und damit die Zeiten ermittelt, nach deren Ablauf bestimmte Untersuchungen durchgeführt werden müssen, um ggf. auftretende Schädigungen rechtzeitig zu erkennen und plötzlich auftretende Schadensfälle zu verhindern. Für jedes Bauteil wird entsprechend Bild 3.7 im doppelt-logarithmischen Netz für den betreffenden Werkstoff und die ermittelte Wandtemperatur (oder Dampftemperatur + Zuschläge nach TRD) die Zeitstandfestigkeitslinie für die untere Streubandgrenze *(Mindestzeitstandfestigkeit,* Linie c) aufgezeichnet. Im Bild ist zur Veranschaulichung das gesamte Streuband dargestellt, aus dem die in den Tabellen angegebenen Mittelwerte (Linie a) entnommen worden sind. Weiterhin wird die Linie der Mindestzeitstandfestigkeit eingetragen *für eine Temperatur, die um 7 grd über der ermittelten Wandtemperatur liegt.*

Aus den im ersten Jahr ermittelten Betriebswerten wird die *im Bauteil wirklich auftretende Spannung* ermittelt zu

$$\sigma_W = \frac{\frac{d_i \cdot p}{s - c} + p}{200 \cdot v} \quad \text{in kp/mm}^2.$$

Wird diese Spannungslinie im Diagramm eingetragen, so ergibt ihr Schnittpunkt mit der Linie $\sigma_{B/(t+7)}$ den Zeitpunkt Z_0 und mit der Linie $\sigma_{B/t}$ den Zeitpunkt Z_1.

Nach Ablauf der Zeit Z_0 wäre beim Zusamentreffen aller denkbaren ungünstigen Werkstoff- und Betriebswerte *die Tragfähigkeit des Bauteils erschöpft (Mindestbruchzeit).* Um festzustellen, ob es tatsächlich der Fall ist, werden *Wanddickenmessungen* an besonders hoch beanspruchten Stellen ((Sammlerstege) oder Stellen mit an sich zulässigen Wanddickenunterschreitungen und *Untersuchung auf Risse* an allen gefährdeten Stellen mit dem jeweils geeigneten Verfahren durchgeführt. Außerdem werden die *bleibenden Dehnungen* (Kriechen) an besonders vorbereiteten Stellen gemessen. Werden keine besonderen Feststellungen getroffen und liegt die bleibende Dehnung unter 1 %, so erfolgen in gewissen Zeitabständen die gleichen Prüfungen. Es ist ausreichend, wenn die zusätzlichen Prüfungen zusammen mit den wiederkehrenden inneren Prüfungen durchgeführt werden. Bezüglich Rißbildung sind auch Stellen zu beachten, an denen Kondensat (z. B. aus Meßleitungen) auf die heißen Wandungen tropfen kann und an dieser Stelle *Abschreckwirkungen* hervorruft *(Thermoschock).*

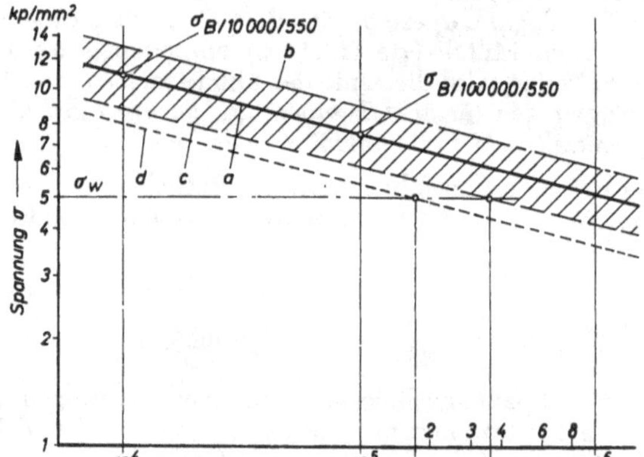

Bild 3.7. Ermittlung der Zeitpunkte Z_0 und Z_1 für einen Sammler aus Werkstoff 10 CrMo 9 10 bei einer gemessenen Wandtemperatur $t = 550$ °C.

Linie a: σ_B Mittelwert der Zeitstandfestigkeit für $t = 550$ °C

Linie b: $\sigma_o = 1{,}2 \cdot \sigma_B$ Höchstzeitstandfestigkeit

Linie c: $\sigma_u = 0{,}8 \cdot \sigma_B$ Mindestzeitstandfestigkeit

Linie d: $\sigma_u' = 0{,}8 \cdot \sigma_B$ für Temperatur $t' = t + 7$ grd

Nach Ablauf der Zeit Z_1 (keine Temperaturüberschreitung, aber Zeitstandfestigkeit an der unteren Grenze vorausgesetzt) *oder bei Erreichen von 1 % bleibender Dehnung* werden die vorgenannten Prüfungen in Zeitabständen durchgeführt, die auf die Hälfte der bisherigen Fristen verkürzt sind. Dabei ist vorausgesetzt, daß weder Risse festgestellt wurden, die die Wand erheblich schwächen und daß die bleibende Dehnung 2 % noch nicht erreicht hat. *Sonst müssen die Bauteile ausgewechselt werden.* Nur wenn bei einer Dehnung von 2 % keine Risse festgestellt werden, kann das Bauteil bei herabgesetzter Temperatur oder stark herabgesetztem Druck mit Zustimmung des Sachverständigen für eine begrenzte Zeit in Betrieb bleiben. Eine außergewöhnliche Anzahl von *Anfahrvorgängen* ist besonders zu berücksichtigen.

Werden für den vorliegenden Sammler als Betriebswerte z. B. festgestellt

$$p = 142 \text{ atü}, \qquad t = 550\ °\text{C},$$

so errechnet sich eine wirkliche Spannung

$$\sigma_W = \frac{\frac{315 \cdot 142}{64 - 0} + 142}{200 \cdot 0{,}84} = 5 \text{ kp/mm}^2.$$

Aus dem Diagramm ergibt sich, daß die betreffenden Zeitpunkte erreicht werden nach $Z_0 = 175\,000$ h,

$$Z_1 = 350\,000 \text{ h}.$$

Wenn der Kessel unter veränderlichen Betriebsverhältnissen gefahren wird, so sind die *absoluten Betriebsstunden* bei der Addition bis zum Erreichen der Zeiten Z_0 und Z_1 entsprechend der Temperaturabhängigkeit der Festigkeitskennwerte *auf die Bezugstemperatur* (550 °C) *umzurechnen.*

Das Verfahren erfordert einen hohen materiellen und personellen Aufwand und man sucht nach wirtschaftlicheren Wegen; z. B. könnten die Kesselbauteile für eine längere Betriebszeit bei einer bestimmten Temperatursicherheit berechnet werden. Der einmalige Aufwand für größere Wanddicken oder Werkstoffe mit höheren Festigkeitskennwerten könnte geringer gehalten werden als der Aufwand für die laufende zusätzliche Überwachung. Es gibt noch weitere Möglichkeiten, aber eine bestimmte Linie ist bisher noch nicht zu erkennen. [6] [9]

Der Fall, daß die Zeitstandwerte aufgrund der Auswertung weiterer Meßreihen berichtigt werden müssen, ist inzwischen eingetreten. In den meisten Fällen ist mit einer Erniedrigung der Werte für hohe Temperaturen zu rechnen. Die Werte nach DIN 17 175 Blatt 2, Beiblatt (3. 1964) sind zwar für die Berechnung noch anerkannt, aber nach einer Ende 1967 getroffenen Vereinbarung der Verbände sollen bei Ermittlung der Zeiten Z_0 und Z_1 die in der Vereinbarung angegebenen neuen Zeitstandfestigkeitswerte zugrunde gelegt werden. Durch die Prüfungen, deren Zeitplan mit den neuen Festigkeitskennwerten aufgestellt wird, kann festgestellt werden, ob das Herabsetzen der Werte berechtigt und eine Änderung der Normen erforderlich ist. Im vorliegenden Fall würden die betreffenden Zeitpunkte erreicht nach $Z_0 = 90\,000$ h und $Z_1 = 175\,000$ h. Ein Vergleich der beiden Werte zeigt, wie vorsichtig mit den Zeitstandfestigkeitswerten gerechnet werden muß und wie wichtig die zeitabhängigen besonderen Prüfungen sind.

Bei Drucklegung dieses Bandes ergab sich Mitte 1968 für Berechnung mit Langzeit-Warmfestigkeitswerten folgender Zustand: Die Werte für Zeitstandfestigkeit und Zeitdehngrenze in den Beiblättern zu DIN 17 155 Bl. 2 und DIN 17 175 Bl. 2 (S. 110 dieses Bandes) sollen mit Zustimmung des DDA entsprechend den gesammelten Erfahrungen geändert und durch die Zeitstandfestigkeitswerte für 200 000 h (Mittelwerte) ergänzt werden. Entwurf wird nicht veröffentlicht (DIN-Mitt. 1968 H. 3 S. 195/96). In die TRD soll dann neben den auf S. 89 dieses Bandes angegebenen Berechnungskennwerten die 200 000 h-Zeitstandfestigkeit (untere Streubandgrenze = 0,8 · Mittelwerte nach DIN) mit Sicherheit $S = 1{,}0$ aufgenommen werden. Vorerst wird mit Zustimmung des DDA eine Vereinbarung zwischen den Verbänden getroffen werden. Mit den Werten für kürzere Zeiten kann weiterhin gerechnet werden, wenn die vorgesehenen Zwischenprüfungen erfolgen.

4. Angewendete Formelzeichen und Einheiten

a in mm Länge einer ebenen Fläche
a' in m^2/s Temperaturleitfähigkeit
b in mm Breite, Wellenteilung eines Flammrohres
B in kg/h Brennstoffdurchsatz
c in mm Zuschlag zu einer errechneten Wanddicke
C Berechnungsbeiwert (Einspannung ebener Platten)
C_S in kcal/m^2 h $(°K)^4$ Strahlungskonstante des schwarzen Körpers
d in mm Durchmesser
D in kg/h Dampferzeugung
F in m^2 Heizfläche
F in mm^2 Querschnitt
h in mm Höhe
h in kcal/m^3 h Konzentrationsfaktor (Flammenstrahlung)
H in mWS Förderhöhe bei Pumpen, statische Druckhöhe
H_u in kcal/kg Heizwert fester und flüssiger Brennstoffe
i in kcal/kg spez. Enthalpie
I in *l* Wasserinhalt des Druckraumes
I in mm^4 Trägheitsmoment eines Querschnittes
K in kp/mm^2 Festigkeitskennwert (für Berechnung)
l in mm Länge
L in m^3/kg Luftbedarf
L in dB Schallpegel
M in kp mm Kraftmoment
n in U/min Drehzahl
p in atü (kp/cm^2) Betriebsdruck, Berechnungsdruck
p in ata absolute Drücke bei thermodyn. Rechnungen
p in N/m^2 Schalldruck
P in kp Kraft
Pr Prandtl-Zahl
q in kg/m^2 h Heizflächenbelastung
q in kcal/m^2 h Wärmestromdichte
q_e in kcal/kg Erzeugungswärme (des Dampfes)
Q in kcal/h Wärmeleistung
Q in kg/h, kg/min Fördermenge (Speisewasser)
r in mm Radius

5. Gesetze, Verordnungen, Vorschriften, Regeln, Richtlinien, Normen

5.1. Dampfkessel-Bestimmungen (Übersicht nach TRD 001)

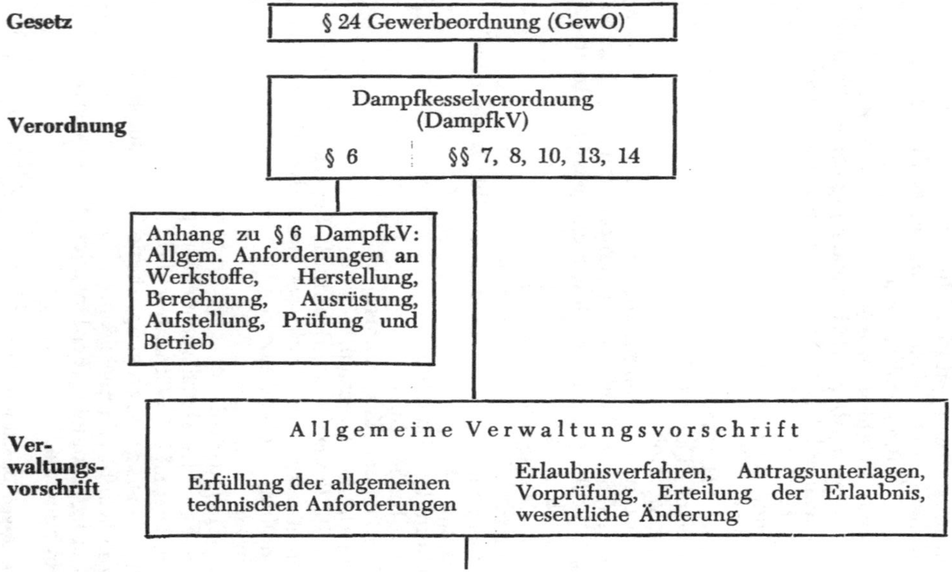

TRD

Technische Regeln für Dampfkessel (TRD)										
Allgemeines	Werkstoffe	Herstellung	Berechnung	Ausrüstung und Aufstellung		Prüfung	Betrieb	Niederdruckdampfkessel [1]		Kleindampfkessel
				Dampferzeuger	Heißwassererzeuger			Dampferzeuger	Heißwassererzeuger	
001	101 ff	201	301 ff	401	402	501	601 ff	701	702	801

Normen

Z. B. DIN 17 155 Kesselblech	Z. B. DIN 8560 Prüfung von Handschweißern	DIN 4752	DIN 4750, 4751 Bl. 1 u. 2 DIN 4755, 4787 (Ölfeuerung) DIN 4756, 4788 (Gasfeuerung)

Richtlinien

Richtlinien für Dampfkessel				
Abgas-Wasservorwärmer	Sicherh.-Ventile	Ölfeuerung	Gasfeuerung	Kohlenstaubfeuerung [2]

1) Aufteilung in 701—702 in Vorbereitung, vgl. S. 107.

2) In Vorbereitung.

R_e Reynolds-Zahl
s in mm Wanddicke
S Sicherheitsbeiwert
t in °C Temperatur
t in mm Teilung bei Lochreihen
T in °K thermodynamische Temperatur
u in % Unrundheit (zylindrische Schalen)
v in mm/min Absinkgeschwindigkeit (Wasserspiegel)
v Verschwächungsbeiwert, Schweißnahtwertigkeit
V in m^3/kg Rauchgasvolumen
w in m/s Strömungsgeschwindigkeit
w in mm Wellentiefe bei einem Flammrohr
W in mm^3 Widerstandsmoment eines Querschnittes
x Druckmittelbeiwert (Ausströmquerschnitt)
y Faktor zur Berücksichtigung des Seitenverhältnisses ebener Platten
α in kcal/m^2 h grd Wärmeübergangskoeffizient
α_W Ausflußzahl (Sicherheitsventil)
ε Emissionszahl (Wärmestrahlung)
η in % Wirkungsgrad (Kessel)
ϑ in grd Temperaturdifferenz (Wärmedurchgang)
λ in kcal/m h grd Wärmeleitfähigkeit
λ Luftverhältniszahl
ν in m^2/s kinematische Viskosität
ϱ in kg/dm^3, t/m^3 Dichte
σ in kp/mm^2 Normalspannung
σ_B in kp/mm^2 Zugfestigkeit
$\sigma_{B/100\,000/t}$ in kp/mm^2 Zeitstandfestigkeit (100 000 h
$\sigma_{1/100\,000/t}$ in kp/mm^2 1 %-Zeitdehngrenze t in °C)
Φ in kcal/h Wärmestrom
Index $_n$ Bezug einer Größe auf Gasmenge im Normzustand

Andere Formelzeichen und Einheiten, wie sie z. B. in DIN 1301, 1304, 1314 und 1341 empfohlen werden, wurden mit Rücksicht auf Band I und II und vorhandene Literatur nicht verwendet.

5.2. Gesetze, Verordnungen und Verwaltungsvorschriften.

Am Ende der Titel ist rechts außen in ( ) der Abschnitt dieses Bandes angegeben, in dem auf die betr. Bestimmung verwiesen wird. Vorschriften der einzelnen Länder sind nicht aufgeführt.

5.2.1. Gesetze.

Gewerbeordnung für das Deutsche Reich vom 21. Juni 1869 mit allen Nachträgen in der jeweils gültigen Fassung ist nach Art. 125 GG Bundesrecht geworden. (1.1)

Gesetz zur Änderung der Titel I bis IV, VII und X der Gewerbeordnung vom 29. 9. 1953 (BGBl. I S. 1459/62) (1.1)

Gesetz zur Änderung der Gewerbeordnung und Ergänzung des Bürgerlichen Gesetzbuches v. 22. 12. 1959 (BGBl. I S. 781/83) (1.1)

Bürgerliches Gesetzbuch, § 906 (1.1)

Gesetz zur Ordnung des Wasserhaushaltes (Wasserhaushaltgesetz — WHG) v. 27. 7. 1957 (BGBl. I S. 110) mit erster Änderung v. 19. 2. 1960 (BGBl. I S. 37) und zweiter Änderung v. 6. 8. 1964 (BGBl. I S. 611) Zufügung der §§ 19a bis 19f. (1.9)

Gesetz über Vorsorgemaßnahmen zur Luftreinhaltung v. 17. 5. 1965 (BGBl. I S. 413) (1.7.1)

Gesetz zum Schutz gegen Baulärm v. 9. 9. 1965 (BGBl. I S. 214/216) (1.7.2)

Grundgesetz für die Bundesrepublik Deutschland v. 23. 5. 1949 (BGBl. S. 1) m. Änderungen (1.1)

5.2.2. Verordnungen

Verordnung über die Errichtung und den Betrieb von Anlagen zur Lagerung, Abfüllung und Beförderung brennbarer Flüssigkeiten zu Lande (Verordnung über brennbare Flüssigkeiten — VbF) v. 18. 2. 1960 (BGBl. I S. 83), geändert durch Technische Verordnung für brennbare Flüssigkeiten — TVbF — v. 10. 9. 1964 (BGBl. I S. 717) (1.8)

Verordnung über Anforderungen, insbesondere technischer Art, an Anlagen zur Lagerung, Abfüllung und Beförderung brennbarer Flüssigkeiten zu Lande (Technische Verordnung über brennbare Flüssigkeiten — TVbF) v. 10. 9. 1964 (BGBl. I S. 717) in der Fassung der ersten Verordnung zur Änderung der Technischen Verordnung über brennbare Flüssigkeiten v. 7. 9. 1965 (BGBl. I S. 1271) (1.8)

Verordnung über genehmigungsbedürftige Anlagen nach § 16 der Gewerbeordnung v. 4. 8. 1960 (BGBl. I S. 690) (1.7)

Verordnung über die Errichtung und den Betrieb von Dampfkesselanlagen (Dampfkesselverordnung — DampfkV) v. 8. 9. 1965 (BGBl. I S. 1300/09) (1.2)

Begründung zur DampfkV s. [7]

Verordnung über die Gebühren für die Prüfung der überwachungsbedürftigen Anlagen v. 15. 4. 1964 (Bundesanz. Nr. 75 v. 21. 4. 1964), gültig in der Fassung der ersten Verordnung zur Änderung der Verordnung über die Gebühren für die Prüfung der überwachungsbedürftigen Anlagen v. 23. 12. 1966 (Bundesanz. Nr. 242 v. 28. 12. 1966). Die jeweilige Höhe der Gebühren wird in einem Anhang festgelegt. (1.1; 1.6)

Begründung zur Ersten Verordnung zur Änderung .... s. [7]

5.2.3. Verwaltungsvorschriften.

Allgemeine Verwaltungsvorschriften für genehmigungsbedürftige Anlagen nach § 16 der Gewerbeordnung (Technische Anleitung zur Reinhaltung der Luft v. 8. 9. 1964) Allgemeine Verwaltungsvorschriften der Bundesregierung v. 8. 9. 1964 (Arbeitsschutz Nr. 10 1964 S. 333; Gemeinsames Ministerialblatt — GMBl. Ausg. A Nr. 26 S. 433) (1.7.1)

Allgemeine Verwaltungsvorschriften zur Technischen Verordnung über brennbare Flüssigkeiten v. 10. 9. 1964 (Beilage zum Bundesanzeiger 16 1964 Nr. 172 v. 16. 9. 1964) (1.8)

Allgemeine Verwaltungsvorschrift zu den §§ 6, 7, 8, 10, 13 und 14 der Verordnung über die Errichtung und den Betrieb von Dampfkesselanlagen v. 8. 9. 1965 (Bundesanz. Nr. 175 v. 17. 9. 1965) (1.3)

Begründung zur Allgemeinen Verwaltungsvorschrift zu den §§ .... s. [7]

Allgemeine Verwaltungsvorschrift für genehmigungsbedürftige Anlagen nach § 16 der Gewerbeordnung — Technische Anleitung zum Schutz gegen Lärm (in Vorbereitung) (1.7.2)

5.3. Im Text verwendete Abkürzungen. Die Hinweise in ( ) beziehen sich auf die Abschnitte dieses Bandes.

ApB	Allgemeine polizeiliche Bestimmungen	(1.1)
BAz	s. Bundesanz.	(1.3, 1.8)
BGBl.	Bundesgesetzblatt	(1, 5.2)
Bundesanz.	Bundesanzeiger	(1.3, 1.8)
DAbF	Deutscher Ausschuß für brennbare Flüssigkeiten	(1.8)
DampfkV	Dampfkesselverordnung	(1, 1.2, 5.2.2)
DDA	Deutscher Dampfkesselausschuß	(1.2, 1.3)
GAA	Gewerbeaufsichtsamt	(1)
GewO	Gewerbeordnung	(1, 5.2.1)
GG (GrundG)	Grundgesetz	(1.1, 1.3, 5.2.1)
GMBl.	Gemeinsames Ministerialblatt	(1.7.1, 5.2.3)
StGB	Strafgesetzbuch	(1.7.2)
TA Lärm	Technische Anleitung zum Schutz gegen Lärm	(1.7.2, 5.2.3)
TRD	Technische Regeln für Dampfkessel	(1, 2, 3, 5.4)
TÜA	Technisches Überwachungsamt (in Hessen)	(1.1)
TÜV	Technischer Überwachungs-Verein (Bundesrepublik und Westberlin)	(1.1, 1.6)
TVbF	Technische Verordnung über brennbare Flüssigkeiten	(1.8, 5.2.2)
VDI	Verein Deutscher Ingenieure	(1.7.1)
VbF	Verordnung über brennbare Flüssigkeiten	(1.8, 5.2.2)
VdTÜV	Vereinigung der Technischen Überwachungs-Vereine	(1.6)
WHG	Wasserhaushaltgesetz	(1.9, 5.2.1)

5.4. Technische Regeln für Dampfkessel (TRD), Richtlinien für Dampfkessel, Fachverbände. Die Angaben über die gültige Fassung der Regeln und Richtlinien entsprechen dem Stand von Anfang 1968. Es ist beabsichtigt, die Blätter alle drei Jahre neu herauszugeben wenn Änderungen erfolgt sind. Sie sollen ebenfalls neu herausgegeben werden sobald drei Änderungen bekanntgemacht worden sind.

5.4.1. Technische Regeln für Dampfkessel (TRD)

Gruppe 0, Allgemeines

TRD 001	Aufbau und Anwendung der TRD	11. 1966

Gruppe 1, Werkstoffe

TRD 101	Bleche, Preß- und Kümpelteile; Ferritische Stähle	7. 1964
TRD 102	Kessel- und Überhitzerrohre, Ankerrohre für Seeschiffskessel; Ferritische Stähle	7. 1964
TRD 103	Stahlguß; Ferritischer Stahlguß	7. 1964
TRD 104	Nahtlose Schüsse und Trommeln mit einem lichten Durchmesser von 600 mm und mehr, sowie ähnliche nahtlose Hohlkörper aus unlegiertem und legiertem Stahl	7. 1964
TRD 105	Runde Sammlerrohre mit einem lichten Durchmesser unter 600 mm, nahtlose Vierkantrohre und ähnliche Hohlkörper; Ferritische Stähle	7. 1964
TRD 106	Schrauben und Muttern aus Stahl; Ferritische Stähle	7. 1964
TRD 107	Verschiedene Kesselteile aus Stahl	7. 1964
TRD 108	Gußeisen	7. 1964
TRD 110	Gehäuse von Armaturen; Werkstoffe -- Prüfung	10. 1966

Gruppe 2, Herstellung

TRD 201	Schweißen von Bauteilen aus Stahl; Fertigung — Prüfung	9. 1964

Gruppe 3, Berechnung

TRD 301	Zylindrische Mäntel unter innerem Überdruck	10. 1964
TRD 302	Zylindrische Mäntel und Rohre über 100 mm äußerem Durchmesser unter äußerem Überdruck	9. 1964
TRD 303	Gewölbte Böden unter innerem und unter äußerem Überdruck	9. 1964
TRD 304	Gewölbte Flammrohrböden	8. 1964
TRD 305	Ebene Wandungen	9. 1964
TRD 306	Anker, Ankerrohre und Stehbolzen	9. 1964
TRD 307	Rohre	10. 1964
TRD 308	Glatte Vierkantrohre und Teilkammern	9. 1964
TRD 309	Schrauben	6. 1965
TRD 310	Bügel und Deckenträger für Feuerbuchsdecken	8. 1964

Gruppe 4, Ausrüstung und Aufstellung

TRD 401	Ausrüstung und Aufstellung der Dampferzeuger	9. 1964
TRD 402	Ausrüstung und Aufstellung der Heißwassererzeuger	11. 1965

Gruppe 5, Prüfung

TRD 501	Prüfung der Hochdruckdampfkesselanlagen	12. 1965

Gruppe 6, Betrieb

TRD 601	Betrieb der Dampfkesselanlagen	
	Blatt 1 — Teil I — Allgemeine Anweisung für den Betreiber von Landdampfkessel-Anlagen (Hochdruckdampfkessel)	11. 1966
	Blatt 1 — Anlage 1 — Reinhaltung der Luft, Bekämpfung von Lärm und Schutz der Gewässer (Bundes- und Ländervorschriften)	6. 1967
	Blatt 2 — Teil II — Allgemeine Anweisung für die Wartung von Landdampfkesseln — Betriebsvorschriften für Hochdruckdampfkessel	10. 1966
TRD 602	Mittelbare Beaufsichtigung von Landdampfkesselanlagen (Hochdruckdampfkessel)	
	Blatt 1 — Dampferzeuger	10. 1967
	Blatt 2 — Heißwassererzeuger	10. 1967
TRD 603	Blatt 1. Zeitweiliger Betrieb eines Hochdruckdampferzeugers mit herabgesetztem Betriebsdruck ohne Beaufsichtigung	10. 1967

Gruppe 7, Niederdruckdampfkessel

TRD 701	Niederdruckdampfkessel	12. 1964

Gruppe 8, Kleindampfkessel

TRD 801	Kleindampfkessel	12. 1965

5.4.2. Richtlinien für Dampfkessel

SR-Sicherheitsventile	Sicherheitstechnische Richtlinien für Sicherheitsventile und sonstige Sicherheitseinrichtungen gegen Drucküberschreitung	10. 1967
SR-Vorwärmer	Sicherheitstechnische Richtlinien für Abgas-Wasservorwärmer	10. 1966
SR-Öl	Sicherheitstechnische Richtlinien für Ölfeuerungen an Dampfkesseln	10. 1966
SR-Gas	Sicherheitstechnische Richtlinien für Gasfeuerungen an Dampfkesseln	10. 1967

5.4.3. Fachverbände. Mit der VdTÜV schließen folgende Fachverbände Vereinbarungen über die Anwendung der TRD bis die entsprechenden Regelungen nach Bewährung zur Aufnahme in die TRD vorgeschlagen werden.

Fachverband Dampfkessel-, Behälter- und Rohrleitungsbau, Düsseldorf.

Vereinigung der Großkesselbesitzer e. V. (VGB), Essen.

Verein Deutscher Eisenhüttenleute (VDEh), Düsseldorf.

Fachgemeinschaft Armaturen im VDMA, Frankfurt.

5.5. Normen und sonstige Richtlinien

Wichtige Normen

DIN 1318		4.68	Lautstärkepegel; Begriffsbestimmungen	
DIN 1320		6. 59	Akustik; allgemeine Benennungen	
DIN 4119	Bl. 1	10. 61	Oberirdische zylindrische Tankbauwerke aus Stahl; Berechnungsgrundlagen	
	Bl. 2	10. 61	—; Erklärungen und Hinweise zu den Berechnungsgrundlagen	
DIN 6608	Bl. 1	10. 62	Liegende Behälter aus Stahl, für unterirdische Lagerung flüssiger Mineralölprodukte	
	Bl. 2	3. 65	—, doppelwandig, für unterirdische Lagerung flüssiger Mineralölprodukte	

	Bl. 3	3. 65	—, für unterirdische Lagerung flüssiger Mineralölprodukte; Transport und Einbau
DIN 6609		5. 66	Lager für flüssige Kraft- und Brennstoffe; Bau und Einrichtung
DIN 6616		7. 65	Liegende Behälter aus Stahl, für oberirdische Lagerung flüssiger Mineralölprodukte
DIN 6617		11. 62	—, für teilweise oberirdische Lagerung flüssiger Mineralölprodukte
DIN 6618		11. 62	Stehende Behälter aus Stahl, für oberirdische Lagerung flüssiger Mineralölprodukte
DIN 6619		11. 62	—, für teilweise oberirdische Lagerung flüssiger Mineralölprodukte
DIN 4750		8. 65	Sicherheitstechnische Anforderungen an Niederdruckdampferzeuger
DIN 4751	Bl. 1	11. 62	Heizungsanlagen; sicherheitstechnische Ausrüstung von Warmwasserheizungen mit Vorlauftemperaturen bis 110 °C
	Bl. 2	6. 64	Sicherheitstechnische Ausrüstung von Warmwasserheizungen mit Vorlauftemperaturen bis 110 °C; offene und geschlossene Anlagen bis 80 000 kcal/h mit thermostatischer Absicherung
DIN 4752		1. 67	Heißwasserheizungsanlagen mit Vorlauftemperaturen von mehr als 110 °C (Absicherung auf Drücke über 0,5 atü); Ausrüstung und Aufstellung
DIN 4755		7. 66	Ölfeuerungen in Heizungsanlagen; Bau, Ausführung, sicherheitstechnische Grundsätze
DIN 4756		2. 66	Gasfeuerungen in Heizungsanlagen; Bau, Ausführung, sicherheitstechnische Grundsätze
DIN 4787		10. 67	Ölbrenner; Begriffe, Anforderungen, Bau, Prüfung
DIN 4788		2. 66	Gasbrenner; Begriffe, Anforderungen, Bau, Prüfung

DIN 1543		7. 59	Stahlblech über 4,75 mm (Grobbleche); Maß- und Gewichtsabweichungen
DIN 2559		7. 62	Schweißnahtvorbereitung; Richtlinien für Fugenformen, Schmelzschweißen von Stumpfstößen an Stahlrohren
DIN 2915		11. 66	Nahtlose und geschweißte Stahlrohre für Wasserrohrkessel; Übersicht
DIN 8558	Bl. 1	5. 67	Richtlinien für Schweißverbindungen an Dampfkesseln, Behältern und Rohrleitungen aus unlegierten und legierten Stählen; Ausführungsbeispiele
DIN 8560	Bl. 1	1. 59	Prüfen von Handschweißern für das Schweißen von Stahl
DIN 17100		9. 66	Allgemeine Baustähle; Gütevorschriften
DIN 17155	Bl. 1	1. 59	Kesselbleche; technische Lieferbedingungen
	Bl. 2	1. 59	—; Gütevorschriften für die verwendeten Stähle
	Bl. 2	Bbl. 3.64	—; Langzeit-Warmfestigkeitswerte
DIN 17175	Bl. 1	1. 59	Nahtlose Rohre aus warmfesten Stählen; technische Lieferbedingungen
	Bl. 2	1. 59	—; Gütevorschriften für die verwendeten Stähle
	Bl. 2	Bbl. 3.64	—; Langzeit-Warmfestigkeitswerte
DIN 17240	Bl. 1	1. 59	Warmfeste Stähle für Schrauben und Muttern; technische Lieferbedingungen
	Bl. 2	1. 59	—; Gütevorschriften
DIN 17245		7. 67	Warmfester ferritischer Stahlguß; Gütevorschriften
DIN 45630	Bl. 1	9. 67	Grundlagen der Schallmessung; physikalische und subjektive Größen von Schall
	Bl. 2	9. 67	—; Normalkurven gleicher Lautstärkepegel
DIN 45633	Bl. 1	11. 66	Präzisionsschallpegelmesser; Anforderungen

DIN 51402	8. 65	Bestimmung der Rußzahl in Abgasen von Heizöl und Brenngasen (Entwurf)
DIN 51755	9. 66	Prüfung von Mineralölen und anderen brennbaren Flüssigkeiten; Bestimmung des Flammpunktes im geschlossenen Tiegel nach Abel-Pensky
DIN 51758	11. 63	Prüfung von Mineralölen und anderen brennbaren Flüssigkeiten; Bestimmung des Flammpunktes im geschlossenen Tiegel nach Pensky-Martens
DIN 51603	2. 66	Flüssige Brennstoffe; Heizöle, Mindestanforderungen

ARGEBAU-Richtlinien

(Fachkommission Bauaufsicht der Arbeitsgemeinschaft der für das Bau-, Wohnungs- und Siedlungswesen zuständigen Minister der Länder der Bundesrepublik Deutschland und Berlin)

Richtlinien über Bau und Betrieb von Behälteranlagen zur Lagerung von Heizöl (Heizölbehälter-Richtlinien — HBR) Fassung Juli 1966. Beuth-Vertrieb GmbH, Berlin·Köln·Frankfurt

VGB-Richtlinien

Von der Vereinigung der Großkesselbesitzer wurden Richtlinien für alle Gebiete des Dampfkraftbetriebes aufgestellt; sie sind nur zu beziehen durch VGB-Dampftechnik GmbH, 43 Essen, Postfach 1791

VDI-Richtlinien

VDI 2104	Begriffsbestimmungen — Reinhaltung der Luft	9. 66
VDI 2108	Maximale Immissionskonzentration (MIK). Schwefeldioxid	11. 61
VDI 2451	Messung gasförmiger Immissionen. Messung der Schwefeldioxid-Konzentration	12. 63
VDI 2116	Staubauswurfbegrenzung. Zentralheizungskessel und Lufterhitzer mit Ölfeuerung	6. 62
VDI 2289	Bl. 1 Ausbreitung luftfremder Stoffe in der Atmosphäre. Zusammenhang zwischen Emission und Immission. Schornsteinhöhen in ebenem, unbebauten Gelände	6. 63

VDI 2297	Staubauswurfbegrenzung. Dampferzeuger mit Ölfeuerung	10. 63
VDI 2299	Auswurfbegrenzung für Schwefeldioxid. Dampf- und Heißwassererzeuger	12. 63
VDI 2300	Staubauswurfbegrenzung. Dampferzeuger unter 10 t/h Leistung. Mehrzugkessel für feste Brennstoffe mit innenliegenden Rostfeuerungen	1. 63
	Staubauswurfbegrenzung. Dampferzeuger über 10 t/h Leistung.	
VDI 2091	—. —. Steinkohlenfeuerungen mit Unterwind-Zonenwanderrost	11. 61
VDI 2092	—. —. Steinkohlen-Staubfeuerungen mit trockenem Ascheabzug	11. 61
VDI 2093	—. —. Steinkohlen-Staubfeuerungen mit flüssigem Ascheabzug	11. 61
VDI 2096	—. —. Braunkohlen-Staubfeuerungen mit trockenem Ascheabzug	7. 62
VDI 2097	—. —. Braunkohlen-Rostfeuerungen. Mechanische Roste mit Unterwind	7. 62
VDI 2098	—. —. Braunkohlen-Rostfeuerungen. Feststehende Roste oder mechanische Roste ohne Unterwind	7. 62
VDI 2058	Beurteilung und Abwehr von Arbeitslärm	7. 60
VDI 2550	Lärmabwehr im Baubetrieb und bei Baumaschinen	9. 66

6. Schrifttumverzeichnis

Es werden nur die Werke und Aufsätze angegeben, die in den Bd. I und II nicht aufgeführt sind. Wiederholungen erfolgen, soweit neue Auflagen erschienen sind oder in diesem Band besonders Bezug genommen worden ist.

[1] Bundesanzeiger, herausgegeben vom Bundesminister der Justiz.

[2] Bundesarbeitsblatt, Fachteil Arbeitsschutz. Herausgeber: Der Bundesminister für Arbeit und Sozialordnung. Verlag W. Kohlhammer mbH Stuttgart, Berlin, Köln, Mainz.

[3] Bundesgesetzblatt. Herausgeber: Der Bundesminister für Justiz. Verlag: Bundesanzeiger Verlagsges. mbH Bonn/Köln.

[4] Forsthoff, E.: 100 Jahre Selbstverwaltung in der Technischen Überwachung. Technische Überwachung 7 (1966) Nr. 8 S. 257/68.

[5] Gumz, W.: Kurzes Handbuch der Brennstoff- und Feuerungstechnik. 3. Aufl. Berlin, Göttingen, Heidelberg 1962.

[6] Holzhauer, C.: Die Lebensdauer als Berechnungsgrundlage für Heißdampfbauteile. Technische Überwachung 8 (1967) Nr. 9 S. 293/97.

[7] Jaeger/Ulrichs/Greinert / Dörrscheidt: Dampfkessel, Errichtung und Betrieb. Band I, 1. Teil Dampfkesselverordnung und Verwaltungsvorschriften, Kommentar. Band I, 2. Teil Regelungen zur Durchführung der Dampfkesselverordnung, Zusammenstellung. 6. Aufl. Köln · Berlin · Bonn · München · Frankfurt 1967.

[8] Ledinegg, M.: Dampferzeugung. Dampfkessel, Feuerungen einschließl. Atomreaktoren. 2. Aufl. Wien · New York 1966.

[9] Leib, H.: Bewertung der Betriebssicherheit von Kesselteilen, die mit Langzeitwerten berechnet sind. Mitt. Vereinig. Großkesselbes. (1964) H. 93 S. 387/94.

[10] Schwaigerer, S.: Festigkeitsberechnung von Bauelementen des Dampfkessel-, Behälter- und Rohrleitungsbaues. Berlin · Göttingen · Heidelberg 1961.

[11] Schmidt, E.: VDI-Wasserdampftafeln. Ausgabe A (kcal, at), Ausgabe B (Joule, bar). 6. Aufl. Berlin · Göttingen · Heidelberg · München 1963.

[12] VDI-Fachgruppe Verfahrentechnik: VDI-Wärmeatlas. Düsseldorf 1954.

[13] VdTÜV: Niederdruckdampfkessel — Sicherheitstechnische Bestimmungen für Niederdruckdampfkessel (Dampferzeuger und Heißwassererzeuger), zusammengestellt und herausgegeben von der Vereinigung der Technischen Überwachungsvereine. Köln · Berlin · Frankfurt 1966.

[14] V d T Ü V : Richtlinien für die Speise- und Kesselwasserbehandlung bei Dampferzeugern bis 20 atü Betriebsdruck. Ausgabe September 1965. Technische Überwachung 6 (1965) Nr. 12 S. 429/33.

[15] V d T Ü V : Richtlinien für die Wasserbehandlung in Heißwassererzeugern und Heißwasserheizungen, Entwurf Oktober 1967. Technische Überwachung 9 (1968) Nr. 3 S. 100/101.

Weiterer umfangreicher Schrifttumnachweis ist in den angeführten Quellen (auch Bd. I und II) und in den Zeitschriften, s. Bd. II Abschn. 10, zu finden.

7. Namen- und Sachverzeichnis

Sammlung Göschen

Gesamtverzeichnis

Jeder Band DM 3,60 · Doppelband DM 5,80
Dreifachband DM 7,80

Herbst 1967

Walter de Gruyter & Co · Berlin 30

Die Bände der **Sammlung Göschen** vermitteln in konzentrierter Form den grundlegenden Stoff für das Studium der einzelnen wissenschaftlichen Disziplinen. Sie sind nicht nur Hilfsmittel für die Arbeit an Universitäten und Hochschulen, sondern auch vorzüglich geeignet für Fachschulen, Arbeitskreise und zum Selbststudium. Die Fülle des Materials hat sich besonders für die Vorbereitung zu Examina und Prüfungen bewährt. Auch eine schnelle Orientierung geht hier niemals auf Kosten der Gründlichkeit.

Inhaltsübersicht

Geisteswissenschaften

Philosophie

Einführung in die Philosophie von H. Leisegang†. 6. Aufl. 146 S. 1966. (281)

Hauptprobleme der Philosophie von G. Simmel†. 8., unveränd. Aufl. 177 S. 1964. (500)

Geschichte der Philosophie
I: Die griechische Philosophie von W. Capelle. 1. Tl. Von Thales bis Leukippos. 3., erw. Aufl. Etwa 135 S. In Vorb. (857)
II: Die griechische Philosophie von W. Capelle. 2. Tl. Von der Sophistik bis zum Tode Platons. 3., stark erw. Aufl. Etwa 144 S. In Vorb. (858)
III: Die griechische Philosophie von W. Capelle. 3. Tl. Vom Tode Platons bis zur Alten Stoa. 2., stark erw. Aufl. 132 S. 1954. (859)
IV: Die griechische Philosophie von W. Capelle. 4. Tl. Von der Alten Stoa bis zum Eklektizismus im 1. Jh. v. Chr. 2., stark erw. Aufl. 132 S. 1954. (863)
V: Die Philosophie des Mittelalters von J. Koch. In Vorb. (826)
VI: Von der Renaissance bis Kant von K. Schilling. 234 S. 1954. (394/394a)
VII: Immanuel Kant von F. Kaulbach. In Vorb. (536)
VIII: Die Philosophie des 19. Jahrhunderts von G. Lehmann. 1. Tl. 151 S. 1953. (571)
IX: Die Philosophie des 19. Jahrhunderts von G. Lehmann. 2. Tl. 168 S. 1953. (709)
X: Die Philosophie im ersten Drittel des 20. Jahrhunderts 1. Tl. von G. Lehmann. 128 S. 1957 (845)
XI: Die Philosophie im ersten Drittel des 20. Jahrhunderts 2. Tl. von G. Lehmann. 114 S. 1960. (850)

Die geistige Situation der Zeit (1931) von K. Jaspers. 6. Abdr. der im Sommer 1932 bearb. 5. Aufl. 211 S. 1965. (1000)

Formale Logik von P. Lorenzen. 3., durchges. u. erw. Aufl. 184 S. 1967. (1176/1176a)

Philosophisches Wörterbuch von M. Apel†. 5., völl. neu bearb. Aufl. von P. Ludz. 315 S. 1958. (1031/1031a)

Philosophische Anthropologie. Menschliche Selbstdeutung in Geschichte und Gegenwart von M. Landmann. 2., durchges. Aufl. 223 S. 1964. (156/156a)

Pädagogik, Psychologie, Soziologie

Geschichte der Pädagogik von Herm. Weimer. 17., neubearb. Aufl. von Heinz Weimer 205 S. 1967. (145/145a)

Therapeutische Psychologie. Ihr Weg durch die Psychoanalyse von W. M. Kranefeldt M. e. Einf. von C. G. Jung. 3. Aufl. 152 S. 1956. (1034)

Allgemeine Psychologie von Th Erismann†. 4 Bde.
- I: Grundprobleme. 3. Aufl. 146 S. 1965. (831)
- II: Grundarten des psychischen Geschehens. 2., neubearb. Aufl. 248 S. 1959. (832/832a)
- III: Experimentelle Psychologie und ihre Grundlagen. 1. Tl. 2., neubearb. Aufl. 112 S., 7 Abb. 1962. (833)
- IV: Experimentelle Psychologie und ihre Grundlagen. 2. Tl. 2., neubearb. Aufl. 199 S. 20 Abb. 1962. (834/834a)

Soziologie. Geschichte und Hauptprobleme von L. von Wiese. 8. Aufl. 183 S. 1967. (101/101a)

Ideengeschichte der sozialen Bewegung des 19. und 20. Jh. von W. Hofmann. 2. Aufl. In Vorb (1205/1205a)

Sozialpsychologie von P.R. Hofstätter. 3. Aufl. 191 S., 18 Abb. 1967. (104/104a)

Psychologie des Berufs- und Wirtschaftslebens von W. Moede†. 190 S. 48 Abb. 1958. (851/851a)

Industrie- und Betriebssoziologie von R. Dahrendorf. 4. Aufl. 142 S., 3 Fig. 1967 (103)

Wirtschaftssoziologie von F. Fürstenberg. 122 S. 1961. (1193)

Einführung in die Sozialethik von H.-D. Wendland. 144 S. 1963. (1203)

Religion

Jesus von M. Dibelius†. 4. Aufl. m. e. Nachtr. von W. G. Kümmel. 140 S. 1966. (1130)

Paulus von M. Dibelius†. Nach dem Tode des Verf. hrsg. u. zu Ende gef. von W. G. Kümmel. 3., durchges. Aufl. 156 S. 1964. (1160)

Luther von F. Lau. 2., verb. Aufl. 153 S. 1966. (1187)

Melanchthon von R. Stupperich. 139 S. 1960. (1190)

Zwingli von F. Schmidt-Clausing. 119 S. 1965. (1219)

Schleiermacher. Leben und Werk von M. Redeker. In Vorb. (1177/1177a)

Sören Kierkegaard. Leben u. Werk von H. Gerdes. 134 S. 1966. (1221)

Einführung in die Konfessionskunde der orthodoxen Kirchen von K. Onasch. 291 S. 1962. (1197/1197a)

Geschichte des christlichen Gottesdienstes von W. Nagel. 215 S. 1962. (1202/1202a)

Geschichte Israels. Von den Anfängen bis zur Zerstörung des Tempels (70 n. Chr.) von E. L. Ehrlich. 2. Aufl. In Vorb. (231/231a)

Römische Religionsgeschichte von F. Altheim. 2 Bde. 2., umgearb. Aufl.
I: Grundlagen und Grundbegriffe. 116 S. 1956. (1035)
II: Der geschichtliche Ablauf. 164 S. 1956. (1052)

Die Religion des Buddhismus von D. Schlingloff. 2 Bde.
I: Der Heilsweg des Mönchstums. 122 S., 11 Abb., 1 Kte. 1962. (174)
II: Der Heilsweg für die Welt. 129 S., 9 Abb., 1 Kte. 1963. (770)

Musik

Musikästhetik von H. J. Moser. 180 S. M. zahlr. Notenbeisp. 1953. (344)

Systematische Modulation von R. Hernried. 2. Aufl. 136 S. M. zahlr. Notenbeisp. 1950. (1094)

Der polyphone Satz von E. Pepping. 2 Bde.
I: Der cantus-firmus-Satz. 2. Aufl. 233 S. Mit zahlr. Notenbeisp. 1950. (1148)
II: Übungen im doppelten Kontrapunkt und im Kanon. 137 S. M. zahlr. Notenbeisp. 1957. (1164/1164a)

Allgemeine Musiklehre von H. J. Moser. 2., durchges. Aufl. 155 S. M. zahlr. Notenbeisp. 1955. (220/220a)

Harmonielehre von H. J. Moser. 2 Bde.
I: 109 S. M. 120 Notenbeisp. 1954. (809)
II: In Vorb. (810)

Die Musik des 19. Jahrhunderts von W. Oehlmann. 180 S. 1953. (170)

Die Musik des 20. Jahrhunderts von W. Oehlmann. 312 S. 1961. (171/171a)

Technik der deutschen Gesangskunst von H. J. Moser. 3., durchges. u. verb. Aufl. 144 S., 5 Fig., sowie Tab. u. Notenbeisp. 1954. (576/576a)

Die Kunst des Dirigierens von H. W. von Waltershausen†. 2., verm. Aufl. 138 S. M. 19 Notenbeisp. 1954. (1147)

Die Technik des Klavierspiels aus dem Geiste des musikalischen Kunstwerkes von K. Schubert†. 3. Aufl. 110 S. M. Notenbeisp. 1954. (1045)

Kunst

Stilkunde von H. Weigert. 2 Bde.
I: Vorzeit, Antike, Mittelalter. 4. Aufl. Etwa 136 S., 94 Abb. In Vorb. (80)
II: Spätmittelalter und Neuzeit. 3., durchges. u. erg. Aufl. 150 S., 88 Abb. 1958. (781)

Archäologie von A. Rumpf. 3 Bde.
I: Einleitung, historischer Überblick. 143 S., 6 Abb., 12 Taf. 1953. (538)
II: Die Archäologensprache. Die antiken Reproduktionen. 136 S., 7 Abb., 12 Taf. 1956. (539)
III: In Vorb. (540)

Geschichte

Einführung in die Geschichtswissenschaft von P. Kirn. 5., bearb. u. erg. Aufl. von J. Leuschner. 127 S. 1968. (270/270a)

Einführung in die Zeitgeschichte von B. Scheurig. 101 S. 1962. (1204)

Zeitrechnung der römischen Kaiserzeit, des Mittelalters und der Neuzeit für die Jahre 1—2000 n. Chr. von H. Lietzmann†. 3. Aufl., durchges. von K. Aland. 130 S. 1956. (1085)

Kultur der Urzeit von F. Behn. 3 Bde. 4. Aufl. der Kultur der Urzeit Bd. 1—3 von M. Hoernes.

I: Die vormetallischen Kulturen. (Die Steinzeiten Europas. Gleichartige Kulturen in anderen Erdteilen.) 172 S., 48 Abb. 1950. (564)

II: Die älteren Metallkulturen. (Der Beginn der Metallbenutzung, Kupfer- und Bronzezeit in Europa, im Orient und in Amerika.) 160 S., 67 Abb. 1950. (565)

III: Die jüngeren Metallkulturen. (Das Eisen als Kulturmetall, Hallstatt-Latène-Kultur in Europa. Das erste Auftreten des Eisens in den anderen Weltteilen.) 149 S. 60 Abb. 1950. (566)

Vorgeschichte Europas von F. Behn. Neuaufl. In Vorb. (42)

Der Eintritt der Germanen in die Geschichte von J. Haller†. 3. Aufl., durchges. von H. Dannenbauer. 120 S. 6 Kartensk. 1957. (1117)

Von den Karolingern zu den Staufern. Die altdeutsche Kaiserzeit (900—1250) von I Haller†. 5., durchges. Aufl. von H. Dannenbauer. 142 S., 4 Ktn. 1968. In Vorb. (1065)

Von den Staufern zu den Habsburgern. Auflösung des Reichs und Emporkommen der Landesstaaten (1250—1519) von J. Haller†. 2., durchges. Aufl. von H. Dannenbauer 118 S., 6 Kartensk. 1960. (1077)

Deutsche Geschichte im Zeitalter der Reformation, der Gegenreformation und des dreißigjährigen Krieges von F. Hartung. 2., durchges. Aufl. 128 S. 1963. (1105)

Deutsche Geschichte von 1648—1740. Politischer und geistiger Wiederaufbau von W. Treue. 120 S. 1956 (35)

Deutsche Geschichte von 1713—1806. Von der Schaffung des europäischen Gleichgewichts bis zu Napoleons Herrschaft von W. Treue. 168 S. 1957. (39)

Deutsche Geschichte von 1806—1890. Vom Ende des alten bis zur Höhe des neuen Reiches von W. Treue. 128 S. 1961. (893)

Deutsche Geschichte von 1890 bis zur Gegenwart von W. Treue. In Vorb. (894)

Quellenkunde der Deutschen Geschichte im Mittelalter (bis zur Mitte des 15. Jahrhunderts) von K. Jacob† 3 Bde.

I: Einleitung Allgemeiner Teil. Die Zeit der Karolinger. 6. Aufl., bearb. von H. Hohenleutner. 127 S. 1959. (279)

II: Die Kaiserzeit (911—1250). 5. Aufl., neubearb. von H. Hohenleutner. 141 S. 1961. (280)

III: Das Spätmittelalter (vom Interregnum bis 1500). Hrsg. von F. Weden. 152 S. 1952. (284)

Geschichte Englands von H. Preller. 2 Bde.
I: bis 1815. 4., erw. Aufl. Etwa 135 S., 7 Stammtaf., 2 Ktn. 1967. (375/375a)
II: Von 1815 bis 1910. 2., völl. umgearb. Aufl. 118 S., 1 Stammtaf., 7 Ktn. 1954. (1088)

Römische Geschichte von F. Altheim. 4 Bde. 2., verb. Aufl.
I: Bis zur Schlacht bei Pydna (168 v. Chr.). 124 S. 1956. (19)
II: Bis zur Schlacht bei Actium (31 v. Chr.). 129 S. 1956. (677)
III: Bis zur Schlacht an der Milvischen Brücke (312 n. Chr.). 148 S. 1958. (679)
IV: Bis zur Schlacht am Yarmuk (636 n. Chr.). In Vorb. (684)

Geschichte der Vereinigten Staaten von Amerika von O. Graf zu Stolberg-Wernigerode. 192 S., 10 Ktn. 1956. (1051/1051a)

Deutsche Sprache und Literatur

Geschichte der deutschen Sprache von H. Sperber. 5., neubearb. Aufl. von P. von Polenz. 136 S. 1966. (915)

Deutsches Rechtschreibungswörterbuch von M. Gottschaldt†. 2., verb. Aufl. 269 S. 1953. (200/200a)

Deutsche Wortkunde. Kulturgeschichte des deutschen Wortschatzes von A. Schirmer. 5. Aufl. von W. Mitzka. 125 S. 1965. (929)

Deutsche Sprachlehre von W. Hofstaetter. 10. Aufl. Völl. Umarb. der 8. Aufl. 150 S. 1960. (20)

Stimmkunde für Beruf, Kunst und Heilzwecke von H. Biehle. 111 S. 1955. (60)

Redetechnik. Einführung in die Rhetorik von H. Biehle. 2., erw. Aufl. 151 S. 1961. (61)

Grundlagen der Sprecherziehung von J. Jesch. 93 S., 8 Abb. 1967. (1122)

Deutsches Dichten und Denken von der germanischen bis zur staufischen Zeit von H. Naumann†. (Deutsche Literaturgeschichte vom 5.—13. Jahrhundert.) 3., verb. Aufl. In Vorb. (1121)

Deutsches Dichten und Denken vom Mittelalter zur Neuzeit von G. Müller (1270 bis 1700). 3., durchges. Aufl. In Vorb. (1086)

Deutsches Dichten und Denken von der Aufklärung bis zum Realismus (Deutsche Literaturgeschichte von 1700—1890) von K. Viëtor†. 3., durchges. Aufl. 159 S. 1958. (1096)

Deutsche Heldensage von H. Schneider. 2. Aufl., bearb. von R. Wisniewski. 148 S. 1964. (32)

Der Nibelunge Nôt in Auswahl. Mit kurzem Wörterbuch hrsg. von K. Langosch. 11., durchges. Aufl. 166 S. 1966. (1)

Kudrun und Dietrich-Epen in Auswahl mit Wörterbuch von O. L. Jiriczek. 6. Aufl., bearb. von R. Wisniewski. 173 S. 1957. (10)

Wolfram von Eschenbach, Parzifal. Eine Auswahl mit Anmerkungen und Wörterbuch von H. Jantzen. 3. Aufl., bearb. von H. Kolb. 128 S. 1966. (921)

Hartmann von Aue. Der arme Heinrich nebst einer Auswahl aus der „Klage" dem „Gregorius" und den Liedern (mit einem Wörterverzeichnis) hrsg. von F. Maurer. 2. Aufl. 96 S. 1968. Im Druck. (18)

Gottfried von Straßburg. Tristan und Isolde in Auswahl hrsg. von F. Maurer. 2. Aufl. 142 S. 1965. (22)

Die deutschen Personennamen von M. Gottschaldt†. 2., verb. Aufl. 151 S. 1955. (422)

Althochdeutsches Elementarbuch. Grammatik und Texte von H. Naumann† u. W. Betz. 4., verb. u. verm. Aufl. 183 S. 1967. (1111/1111a)

Mittelhochdeutsche Grammatik von H. de Boor u. R. Wisniewski. 5., durchges. Aufl. 150 S. 1967. (1108)

Indogermanisch, Germanisch

Indogermanische Sprachwissenschaft von H. Krahe. 2 Bde.
I: Einleitung und Lautlehre. 5. Aufl. 110 S. 1966. (59)
II: Formenlehre. 4., neubearb. Aufl. 100 S. 1963. (64)

Sanskrit-Grammatik mit sprachvergleichenden Erläuterungen von M. Mayrhofer. 2., völl. neu bearb. Aufl. 110 S. 1965. (1158/1158a)

Altirische Grammatik von J. Pokorny. 2. Aufl. 1968. (896/896a)

Gotisches Elementarbuch. Grammatik, Texte mit Übersetzung und Erläuterungen von H. Hempel. 4., neubearb. Aufl. 169 S. 1966. (79/79a)

Altnordisches Elementarbuch. Einführung, Grammatik, Texte (zum Teil mit Übersetzung) und Wörterbuch von F. Ranke. 3., völl. umgearb. Aufl. von D. Hofmann. 205 S. 1967. (1115/1115a/1115b)

Germanische Sprachwissenschaft von H. Krahe. 3 Bde.
I: Einleitung und Lautlehre. 6. Aufl. 147 S. 1966. (238)
II: Formenlehre. 6. Aufl. 149 S. 1967. (780)
III: Wortbildungslehre von W. Meid. 270 S. 1967. (1218/1218a/1218b)

Englisch, Romanisch

Altenglisches Elementarbuch. Einführung, Grammatik, Texte mit Übersetzung und Wörterbuch von M. Lehnert. 6., verb. Aufl. 178 S. 1965. (1125)

Mittelenglisches Elementarbuch von H. Weinstock. 1967. In Vorb. (1226/1226a/1226b)

Historische neuenglische Laut- und Formenlehre von E. Ekwall. 4., verb. Aufl. 150 S. 1965. (735)

Englische Phonetik von H. Mutschmann†. 2. Aufl., bearb. von G. Scherer. 127 S. 1963. (601)

Englische Literaturgeschichte von F. Schubel. 4 Bde.
I: Die alt- und mittelenglische Periode. 2., neubearb. Aufl. 189 S. 1967. (1114/1114a)
II: Von der Renaissance bis zur Aufklärung. 160 S. 1956. (1116)
III: Romantik und Viktorianismus. 160 S. 1960. (1124)

Beowulf. Eine Auswahl mit Einführung, teilweiser Übersetzung, Anmerkungen und etymologischem Wörterbuch von M. Lehnert. 4., verb. Aufl. 135 S. 1967. (1135)

Shakespeare von P. Meißner†. 2. Aufl., neubearb. von M. Lehnert. 136 S. 1954. (1142)

Romanische Sprachwissenschaft von H. Lausberg. 4 Bde.
I: Einleitung und Vokalismus. 2., durchges. Aufl. 211 S. 1963. (128/128a)
II: Konsonantismus. 2., durchges. Aufl. 95 S. 1967. (250)
III: Formenlehre. 1. Teil. 99 S. 1962. (1199)
III: Formenlehre. 2. Teil. S. 99—260. 1962. (1200/1200a)
IV: Wortlehre. In Vorb. (1208)

Griechisch, Lateinisch

Griechische Sprachwissenschaft von W. Brandenstein. 3 Bde.
I: Einleitung, Lautsystem, Etymologie. 160 S. 1954. (117)
II: Wortbildung und Formenlehre. 192 S. 1959. (118/118a)
III: Syntax I. Einleitung. Die Flexibilien. 145 S. 1966. (924/924a)

Geschichte der griechischen Sprache. 2 Bde.
I: Bis zum Ausgang der klassischen Zeit von O. Hoffmann und A. Debrunner. 4., neubearb. Aufl. von A. Scherer. 1968. (111/111a)
II: Grundfragen und Grundzüge des nachklassischen Griechisch von A. Debrunner. 2. Aufl., bearb. von A. Scherer. 1968. (114/114a)

Geschichte der griechischen Literatur von W. Nestle. 2 Bde. 3. Aufl., bearb. von W. Liebich.
I: 144 S. 1961. (70)
II: 149 S. 1963. (557)

Grammatik der neugriechischen Volkssprache von J. Kalitsunakis. 3., wes. erw. u. verb. Aufl. 196 S. 1963. (756/756a)

Neugriechisch-deutsches Gesprächsbuch von J. Kalitsunakis. 2. Aufl., bearb. von A. Steinmetz. 99 S. 1960. (587)

Geschichte der lateinischen Sprache von F. Stolz u. A. Debrunner†. 4., stark umgearb. Aufl. von W. P. Schmid. 145 S. 1966. (492/492a)

Geschichte der römischen Literatur von L. Bieler. 2., verb. Aufl. 2 Bde.
I: Die Literatur der Republik. 160 S. 1965. (52)
II: Die Literatur der Kaiserzeit. 133 S. 1965. (866)

Orientalistik, Slavistik

Die Keilschrift von B. Meissner. 3. Aufl., neubearb. von K. Oberhuber. Etwa 150 S. 1967. (708/708a/708b)

Die Hieroglyphen von A. Erman. 3. Aufl., neu bearb. von O. Krückmann. 1968. In Vorb. (608/608a/608b)

Hebräische Grammatik von R. Meyer. 3 Bde.
- I: Einleitung, Schrift- und Lautlehre. 3., neubearb. Aufl. 120 S. 1966. (763/763a/763b)
- II: Formenlehre und Flexionstabellen. 3. Aufl. In Vorb. (764/764a/764b)
- III: Satzlehre. In Vorb. (765/765a/765b)

Hebräisches Textbuch zu G. Beer-R. Meyer, Hebräische Grammatik von R. Meyer. 170 S. 1960. (769/769a)

Slavische Sprachwissenschaft von H. Bräuer. 2 Bde.
- I: Einleitung, Lautlehre. 221 S. 1961 (1191/1191a)
- II: Formenlehre. 1. Tl. 1968. (1192/1192a)

Vergleichende Geschichte der slavischen Literaturen von D. Tschižewskij. 2 Bde. In Vorb.
- I: Einführung. Anfänge des slavischen Schrifttums bis zum Klassizismus. (1222/1222a)
- II: Romantik bis zur Moderne. (1223/1223a)

Russische Grammatik von E. Berneker†. 6., verb. Aufl. von M. Vasmer†. 155 S. 1961. (66)

Polnische Grammatik von N. Damerau. 139 S. 1967. (942/942a)

Erd- und Länderkunde, Kartographie

Afrika von F. Jaeger. Ein geographischer Überblick. 2 Bde. 3. Aufl.
- I: Der Lebensraum. 179 S., 18 Abb. In Vorb. (910)
- II: Mensch und Kultur. 155 S., 6 Abb. In Vorb. (911)

Australien und Ozeanien von H. J. Krug. 176 S., 46 Sk. 1953. (319)

Kartographie von V. Heissler. 2. Aufl. 213 S., 125 Abb., 8 Anl. 1966. (30/30a)

Wirtschaft, Statistik, Publizistik

Allgemeine Betriebswirtschaftslehre von K. Mellerowicz. 4 Bde. 11. u. 12. durchges. Aufl.
- I: 224 S. 1964. (1008/1008a)
- II: 188 S. 1966. (1153/1153a)
- III: 260 S. 1967. (1154/1154a)
- IV: 209 S. 1963. (1186/1186a)

Allgemeine Volkswirtschaftslehre von A. Paulsen. 4 Bde.
- I: Grundlegung, Wirtschaftskreislauf. 7. Aufl. 159 S., 11 Abb. 1966. (1169)
- II: Haushalte, Unternehmungen, Marktformen. 7. Aufl. 172 S., 31 Abb. 1966. (1170)

III: Produktionsfaktoren. 5., neubearb. u. erg. Aufl. 228 S., 24 Abb. 1967. (1171/1171 a)
IV: Gesamtbeschäftigung, Konjunkturen, Wachstum. 4., neubearb. u. erg. Aufl. 188 S. 1966. (1172)

Übungsaufgaben mit Lösungen zu A. Paulsen, Allgemeine Volkswirtschaftslehre I/II von W. Wedig. 177 S. 1967. (1227/1227 a)

Geschichte der Volkswirtschaftslehre von S. Wendt. 2., neubearb. Aufl. Etwa 182 S. 1968. (1194/1194 a)

Allgemeine Volkswirtschaftspolitik von H. Ohm. 2 Bde.
I: Systematisch-Theoretische Grundlegung. 2., verb. u. erg. Aufl. 137 S., 6 Abb. 1965. (1195)
II: Der volkswirtschaftliche Gesamtorganismus als Objekt der Wirtschaftspolitik. 180 S. 1967. (1196/1196 a)

Finanzwissenschaft von H. Kolms. 4 Bde.
I: Grundlegung, Öffentliche Ausgaben. 3., verb. Aufl. 165 S. 1966. (148)
II: Erwerbseinkünfte, Gebühren und Beiträge, Allgemeine Steuerlehre. 3., verb. Aufl. 154 S. 1966. (391)
III: Besondere Steuerlehre. 2., verb. u. erg. Aufl. 205 S. 1967. (776/776 a)
IV: Öffentlicher Kredit. Öffentlicher Haushalt. Finanzausgleich. 191 S. 1964. (782/782 a)

Finanzmathematik von M. Nicolas. 2., verb. Aufl. 192 S., 11 Taf., 8 Tab. u. 72 Beisp. 1967. (1183/1183 a)

Programmierung von Datenverarbeitungsanlagen von H. J. Schneider u. D. Jurksch. 111 S., 8 Tab., 11 Abb. 1967. (1225/1225 a)

Lineare Programmierung von H. Langen. Etwa 200 S. (1206/1206 a)

Buchhaltung und Bilanz von E. Kosiol. 2., überarb. u. veränd. Aufl. 186 S. 1967. (1213/1213 a)

Industrie- und Betriebssoziologie von R. Dahrendorf. 4. Aufl. 142 S., 3 Fig. 1967. (103)

Wirtschaftssoziologie von F. Fürstenberg. 122 S. 1961. (1193)

Psychologie des Berufs- und Wirtschaftslebens von W. Moede†. 190 S. 48 Abb. 1958. (851/851 a)

Einführung in die Arbeitswissenschaft von H. H. Hilf. 169 S., 57 Abb. 1964. (1212/1212 a)

Allgemeine Methodenlehre der Statistik von J. Pfanzagl. 2 Bde.
I: Elementare Methoden unter besonderer Berücksichtigung der Anwendungen in den Wirtschafts- und Sozialwissenschaften. 4., verb. Aufl. 266 S., 51 Abb. 1967. (746/746 a)
II: Höhere Methoden unter besonderer Berücksichtigung der Anwendungen in Naturwissenschaften, Medizin und Technik. 3., verb. Aufl. 315 S., 41 Abb. 1968. (747/747 a)

Zeitungslehre von E. Dovifat. 2 Bde. 5., neubearb. Aufl.
I: Theoretische und rechtliche Grundlagen — Nachricht und Meinung —Sprache und Form. 162 S. 1967 (1039/1039 a)
II: Redaktion — Die Sparten: Verlag und Vertrieb, Wirtschaft und Technik — Sicherung der öffentlichen Aufgabe. 179 S. 1967. (1040/1040 a)

Naturwissenschaften

Mathematik

Geschichte der Mathematik von J. E. Hofmann. 4 Bde.
I: Von den Anfängen bis zum Auftreten von Fermat und Descartes. 2., verb. u. verm. Aufl. 251 S. 1963. (226/226a)
II: Von Fermat und Descartes bis zur Erfindung des Calculus und bis zum Ausbau der neuen Methoden. 109 S. 1957. (875)
III: Von den Auseinandersetzungen um den Calculus bis zur französischen Revolution. 107 S. 1957. (882)
IV: Geschichte der Mathematik der neuesten Zeit von N. Stuloff. In Vorb. (883)

Mathematische Formelsammlung von F. O. Ringleb. 8., verb. Aufl. 322 S., 40 Fig. 1967. (51/51a)

Vierstellige Tafeln und Gegentafeln für logarithmisches und trigonometrisches Rechnen in zwei Farben zusammengestellt von H. Schubert und R. Haussner. 3. neubearb. Aufl. von J. Erlebach. 158 S. 1960. (81)

Fünfstellige Logarithmen mit mehreren graphischen Rechentafeln und häufig vorkommenden Zahlenwerten von A. Adler. 4. Aufl., überarb. von J. Erlebach. 127 S., 1 Taf. 1962. (423)

Arithmetik von P. B. Fischer†. 3. Aufl. von H. Rohrbach. 152 S., 19 Abb. 1958. (47)

Höhere Algebra von H. Hasse. 2 Bde. 5., neubearb. Aufl.
I: Lineare Gleichungen. 150 S. 1963. (931)
II: Gleichungen höheren Grades. 158 S., 5 Fig. 1967. (932)

Aufgabensammlung zur höheren Algebra von H. Hasse u. W. Klobe. 3., verb. Aufl. 183 S. 1961. (1082)

Elementare und klassische Algebra vom modernen Standpunkt von W. Krull. 2 Bde.
I: 3., erw. Aufl. 148 S. 1963. (930)
II: 132 S. 1959. (933)

Algebraische Kurven und Flächen von W. Burau. 2 Bde.
I: Algebraische Kurven der Ebene. 153 S., 28 Abb. 1962. (435)
II: Algebraische Flächen 3. Grades und Raumkurven 3. und 4. Grades. 162 S., 17 Abb. 1962. (436/436a)

Einführung in die Zahlentheorie von A. Scholz†. Überarb. u. hrsg. von B. Schoeneberg. 4. Aufl. 128 S. 1966. (1131)

Formale Logik von P. Lorenzen. 3., durchges. u. erw. Aufl. 184 S. 1957. (1176/1176a)

Topologie von W. Franz. 2 Bde.
I: Allgemeine Topologie. 2., verb. Aufl. 144 S., 9 Fig. 1965. (1181)
II: Algebraische Topologie. 153 S. 1965. (1182/1182a)

Elemente der Funktionentheorie von K. Knopp†. 7. Aufl. 144 S., 23 Fig. 1966. (1109)

Funktionentheorie von K. Knopp†. 2 Bde. 11. Aufl.
I: Grundlagen der allgemeinen Theorie der analytischen Funktionen. 144 S., 8 Fig. 1965. (668)
II: Anwendungen und Weiterführung der allgemeinen Theorie. 130 S., 7 Fig. 1965. (703)

Aufgabensammlung zur Funktionentheorie von K. Knopp†. 2 Bde.
I: Aufgaben zur elementaren Funktionentheorie. 7. Aufl. 135 S. 1965. (877)
II: Aufgaben zur höheren Funktionentheorie. 6. Aufl. 151 S. 1964. (878)

Differential- und Integralrechnung von M. Barner. (Früher Witting). 4 Bde.
I: Grenzwertbegriff, Differentialrechnung. 2., durchges. Aufl. 176 S., 39 Fig. 1963. (86)

Gewöhnliche Differentialgleichungen von G. Hoheisel. 7., neubearb. u. erw. Aufl. 142 S. 1965. (920/920a)

Partielle Differentialgleichungen von G. Hoheisel. 5., durchges. Aufl. Etwa 128 S. In Vorb. (1003)

Aufgabensammlung zu den gewöhnlichen und partiellen Differentialgleichungen von G. Hoheisel. 4., neubearb. Aufl. 153 S. 1964. (1059/1059a)

Integralgleichungen von G. Hoheisel. 2., neubearb. u. erw. Aufl. 112 S. 1963. (1099)

Mengenlehre von E. Kamke. 5. Aufl. 194 S., 6 Fig. 1965. (999/999a)

Gruppentheorie von L. Baumgartner. 4., erw. Aufl. 190 S., 3 Taf. 1964. (837/837a)

Ebene und sphärische Trigonometrie von G. Hessenberg†. 5. Aufl. durchges. von H. Kneser. 172 S., 60 Fig. 1957. (99)

Darstellende Geometrie von W. Haack. 3 Bde.
I: Die wichtigsten Darstellungsmethoden. Grund- und Aufriß ebenflächiger Körper 6. Aufl. 113 S., 120 Abb. 1967. (142)
II: Körper mit krummen Begrenzungsflächen. Kotierte Projektionen. 5., durchges. Aufl. 129 S., 86 Abb. 1967. (143)
III: Axonometrie und Perspektive. 3. Aufl. 129 S., 100 Abb. 1965. (144)

Analytische Geometrie von K. P. Grotemeyer. 3., neubearb. Aufl. 218 S., 73 Abb. 1964. (65/65a)

Nichteuklidische Geometrie. Hyperbolische Geometrie der Ebene von R. Baldus†. 4. Aufl., bearb. u. erg. von F. Löbell. 158 S., 75 Fig. 1964. (970/970a)

Differentialgeometrie von K. Strubecker. 3 Bde.
I: Kurventheorie der Ebene und des Raumes. 2., erw. Aufl. 253 S., 45 Fig. 1964. (1113/1113a)
II: Theorie der Flächenmetrik. 195 S., 14 Fig. 1958. (1179/1179a)
III: Theorie der Flächenkrümmung. 254 S., 38 Fig. 1959. (1180/1180a)

Variationsrechnung von L. Koschmieder. 2 Bde. 2., neubearb. Aufl.
I: Das freie und gebundene Extrem einfacher Grundintegrale. 128 S., 23 Fig. 1962. (1074)
II: Anwendung klassischer Verfahren auf allgemeine Fragen des Extrems. — Neuere unmittelbare Verfahren. In Vorb. (1075)

Einführung in die konforme Abbildung von L. Bieberbach. 6., neubearb. Aufl. 184 S., 41 Zeichng. 1967. (768/768a)

Vektoren und Matrizen von S. Valentiner. 4. Aufl. (11., erw. Aufl der „Vektoranalysis"). Mit Anh.: Aufgaben zur Vektorrechnung von H. König. 206 S., 35 Fig. 1967. (354/354a)

Wahrscheinlichkeitstheorie und Grundzüge der Maßtheorie von H. Bauer. 2 Bde.
I: 154 S. 1964. (1216/1216a)
II: In Vorb. (1217)

Kinematik von H. R. Müller. 171 S., 75 Fig. 1963. (584/584a)

Versicherungsmathematik von F. Böhm. 2 Bde.
I: Elemente der Versicherungsrechnung. 4. Aufl. In Vorb. (180)
II: Lebensversicherungsmathematik. Einführung in die technischen Grundlagen der Sozialversicherung. 2., verb. u. verm. Aufl. 205 S. 1953. (917/917a)

Finanzmathematik von M. Nicolas, 2., verb. Aufl. 192 S., 11 Taf., 8 Tab. u. 72 Beisp. 1967. (1183/1183a)

Lineare Programmierung von H. Langen. Etwa 200 S. (1206/1206a)

Progammierung von Datenverarbeitungsanlagen von H. J. Schneider u. D. Jurksch. 111 S., 8 Tab., 11 Abb. 1967. (1225/1225a)

Physik

Einführung in die theoretische Physik von W. Döring. 5 Bde.
I: Mechanik. 3., verb. Aufl. 125 S., 23 Abb. 1965. (76)
II: Das elektromagnetische Feld. 3., umgearb. Aufl. Etwa 135 S., 15 Abb. 1968. (77/77a)
III: Optik. 2., verb. Aufl. 117 S., 32 Abb. 1963. (78)
IV: Thermodynamik. 2., verb. Aufl. 107 S., 9 Abb. 1964. (374)
V: Statistische Mechanik. 2., umgearb. Aufl. 117 S., 10 Abb. 1966. (1017)

Mechanik deformierbarer Körper von M. Päsler. 199 S., 48 Abb. 1960. (1189/1189a)

Atomphysik von K. Bechert, Ch. Gerthsen† u. A. Flammersfeld. 4 Bde. 4., durchges. Aufl.
I: Allgemeine Grundlagen. 1. Teil von A. Flammersfeld. Neuaufl. in Vorb. (1009)

II: Allgemeine Grundlagen. 2. Teil von A. Flammersfeld. Neuaufl. in Vorb. (1033)
III: Theorie des Atombaus. 1. Teil von K. Bechert. 140 S., 16 Abb. 1963. (1123/1123a)
IV: Theorie des Atombaus. 2. Teil von K. Bechert. 170 S., 14 Abb. 1963. (1165/1165a)

Differentialgleichungen der Physik von F. Sauter. 4., durchges. u. erg. Aufl. 147 S., 16 Fig. 1966. (1070)

Physikalische Formelsammlung von G. Mahler†. Fortgef. von K. Mahler. Neubearb. von E. Sohr. 12. Aufl. 167 S., 69 Fig. 1967. (136/136a)

Physikalische Aufgabensammlung mit Ergebnissen von G. Mahler†. Fortgef. von K. Mahler. Neubearb. von H. Graewe. 12. Aufl. 141 S. 1964. (243)

Chemie

Geschichte der Chemie in kurzgefaßter Darstellung von G. Lockemann. 2 Bde. 2. Aufl.
I: Vom Altertum bis zur Entdeckung des Sauerstoffs. 142 S., 4 Bildn. In Vorb. (264)
II: Von der Entdeckung des Sauerstoffs bis zur Gegenwart. 151 S., 16 Bildn. In Vorb. (265/265a)

Anorganische Chemie von W. Klemm. 14. Aufl. 255 S., 34 Abb. 1967. (37/37a)

Organische Chemie von W. Schlenk jun. 10., erw. Aufl. 273 S., 16 Abb. 1965. (38/38a)

Physikalische Methoden in der Organischen Chemie von G. Kresze. 2 Bde.
I: 119 S., 65 Abb. 1962. (44)
II: 164 S. 1962. (45/45a)

Allgemeine und physikalische Chemie von W. Schulze. 2 Bde.
I: 6., verb. Aufl. 139 S., 10 Fig. 1964. (71)
II: 6., erw. Aufl. Etwa 178 S. 49 Fig. 1968. (698/698a)

Molekülbau. Theoretische Grundlagen und Methoden der Strukturermittlung von W. Schulze. 123 S., 43 Fig. 1958. (786)

Einfache Versuche zur allgemeinen und physikalischen Chemie von E. Dehn. 371 Versuche m. 40 Abb. 272 S. 1962. (1201/1201a)

Physikalisch-chemische Rechenaufgaben von E. Asmus. 4., verb. Aufl. 96 S. 1967. (445)

Maßanalyse. Theorie und Praxis der klassischen und der elektrochemischen Titrierverfahren von G. Jander und K. F. Jahr. 11., durchges. Aufl., mitbearb. von H. Knoll. 359 S., 56 Fig. 1966. (221/221a)

Qualitative Analyse von H. Hofmann u. G. Jander. 3., durchges. u. verb. Aufl. 308 S., 5 Abb. 1967. (247/247a)

Stöchiometrische Aufgabensammlung von W. Bahrdt† u. R. Scheer. Mit den Ergebnissen. 9., durchges. Aufl. 119 S. 1967. (452/452a)

Elektrochemie von K. Vetter. 2 Bde.
I: In Vorb. (252)
II: In Vorb. (253)

Geochemie von K. H. Wedepohl. 221 S., 26 Abb., 37 Tab. 1967. (1224/1224a/1224b)

Kristallchemie von J. Zemann. 144 S., 90 Abb. 1966. (1220/1220a)

Technologie

Die Chemie der Kunststoffe von K. Hamann. 2., neu überarb. Aufl. unt. Mitarb. von W. Funke u. K. Nollen. 177 S. 1967. (1173/1173a)

Warenkunde von K. Hassak u. E. Beutel†. 2 Bde.
I: Anorganische Waren sowie Kohle und Erdöl. 8. Aufl. Neubearb. von A. Kutzelnigg. 119 S., 18 Fig. 1958. (222)
II: Organische Waren. 8. Aufl. Vollst. neu bearb. von A. Kutzelnigg. 157 S., 32 Fig. 1959. (223)

Die Fette und Öle von Th. Klug. 6., verb. Aufl. 143 S. 1961. (335)

Die Seifenfabrikation von K. Braun†. 3., neubearb. u. verb. Aufl. von Th. Klug 116 S., 18 Abb. 1953. (336)

Thermische Verfahrenstechnik von H. Bock. 3 Bde.
I: Eigenschaften und Verhalten der realen Stoffe. 184 S., 28 Abb. 1963. (1209/1209a)
II: Funktion und Berechnung der elementaren Geräte. 195 S., 54 Abb. 1964. (1210/1210a)
III: Fließbilder, ihre Funktion und ihr Zusammenbau aus Geräten. 224 S., 67 Abb. 1965. (1211/1211a)

Textilindustrie von A. Blümcke.
I: Spinnerei und Zwirnerei. 111 S., 43 Abb. 1954. (184)

Biologie

Einführung in die allgemeine Biologie und ihre philosophischen Grund- und Grenzfragen von M. Hartmann. 2., unveränd. Aufl. 132 S., 2 Abb. 1965. (96)

Hormone von G. Koller. 2., neubearb. u. erw. Aufl. 187 S., 60 Abb., 19 Tab. 1949. (1141)

Fortpflanzung im Tier- und Pflanzenreich von J. Hämmerling. 2., erg. Aufl. 135 S., 101 Abb. 1951. (1138)

Geschlecht und Geschlechtsbestimmung im Tier- und Pflanzenreich von M. Hartmann. 2., verb. Aufl. 116 S., 61 Abb., 7 Tab. 1951. (1127)

Symbiose der Tiere mit pflanzlichen Mikroorganismen von P. Buchner. 2., verb. u. verm. Aufl. 130 S., 121 Abb. 1949. (1128)

Grundriß der allgemeinen Mikrobiologie von W. u. A. Schwartz. 2 Bde. 2., verb. u. erg. Aufl.
I: 147 S., 25 Abb. 1960. (1155)
II: 142 S., 29 Abb. 1961. (1157)

Botanik

Entwicklungsgeschichte des Pflanzenreiches von H. Heil. 2. Aufl. 138 S., 94 Abb., 1 Tab. 1950. (1137)

Morphologie der Pflanzen von L. Geitler. 3., umgearb. Aufl. 126 S., 114 Abb. 1953. (141)

Pflanzengeographie von L. Diels†. 5., völl. neu bearb. Aufl. von F. Mattick. 195 S., 2 Ktn. 1958. (389/389a)

Die Laubhölzer. Kurzgefaßte Beschreibung der in Mitteleuropa gedeihenden Laubbäume und Sträucher von F. W. Neger† und E. Münch†. 3., durchges. Aufl., hrsg. von B. Huber. 143 S., 63 Fig., 7 Tab. 1950. (718)

Die Nadelhölzer (Koniferen) und übrigen Gymnospermen von F. W. Neger† und E. Münch†. 4. Aufl., durchges. u. erg. von B. Huber. 140 S., 75 Fig., 4 Tab., 3 Ktn. 1952. (355)

Pflanzenzüchtung von H. Kuckuck. 2 Bde.
- I: Grundzüge der Pflanzenzüchtung. 3., völl. umgearb. u. erw. Aufl. 132 S., 22 Abb. 1952. (1134)
- II: Spezielle gartenbauliche Pflanzenzüchtung (Züchtung von Gemüse, Obst und Blumen). 2. Aufl. In Vorb. (1178/1178a)

Zoologie

Entwicklungsphysiologie der Tiere von F. Seidel. 2 Bde. 2. Aufl.
- I: Ei und Furchung. Etwa 160 S., 61 Abb. (1162)
- II: Körpergrundgestalt und Organbildung. In Vorb. (1163)

Vergleichende Physiologie der Tiere von K. Herter. 2 Bde. 4. Aufl. der „Tierphysiologie".
- I: Stoff- und Energiewechsel. Neu bearb. von K. Urich. 158 S., 61 Abb. 1966. (972/972a)
- II: Bewegung und Reizerscheinungen. Neu bearb. von G. Birukow. In Vorb. (973/973a)

Das Tierreich
- I: Einzeller, Protozoen von E. Reichenow. 115 S., 59 Abb. 1956. (444)
- II: Schwämme und Hohltiere von H. J. Hannemann. 95 S., 80 Abb. 1956. (442)
- III: Würmer. Platt-, Hohl-, Schnurwürmer, Kamptozoen, Ringelwürmer, Protracheaten, Bärtierchen, Zungenwürmer von S. Jaeckel. 114 S., 35 Abb. 1955. (439)
- IV, 1: Krebse von H. E. Gruner und K. Deckert. 114 S., 43 Abb. 1956. (443)
- IV, 2: Spinnentiere (Trilobitomorphen, Fühlerlose) und Tausendfüßler von A. Kaestner. 96 S., 55 Abb. 1955. (1161)
- IV, 3: Insekten von H. von Lengerken. 2., neubearb. Aufl. 140 S., 59 Abb. 1966. (594)
- V: Weichtiere. Urmollusken, Schnecken, Muscheln und Kopffüßer von S. Jaeckel. 92 S., 34 Fig. 1954. (440)

VI: Stachelhäuter. Tentakulaten, Binnenatmer und Pfeilwürmer von S. Jaeckel. 100 S., 46 Abb. 1955. (441)
VII, 1: Manteltiere, Schädellose, Rundmäuler von H. Fechter. In Vorb. (448)
VII, 2: Fische von D. Lüdemann. 130 S., 65 Abb. 1955. (356)
VII, 3: Lurche (Chordatiere) von K. Herter. 143 S., 129 Abb. 1955. (847)
VII, 4: Kriechtiere (Chordatiere) von K. Herter. 200 S., 142 Abb. 1960. (447/447 a)
VII, 5: Vögel (Chordatiere) von H.-A. Freye. 156 S., 69 Fig. 1960. (869)
VII, 6: Säugetiere (Chordatiere) von Th. Haltenorth. In Vorb. (282/282 a)

Land- und Forstwirtschaft

Landwirtschaftliche Tierzucht. Die Züchtung und Haltung der landwirtschaftlichen Nutztiere von H. Vogel. 139 S., 11 Abb. 1952. (228)

Kulturtechnische Bodenverbesserungen von O. Fauser. 2 Bde. 5., verb. u. verm. Aufl.
I: Allgemeines, Entwässerung. 127 S., 49 Abb. 1959. (691)
II: Bewässerung, Ödlandkultur, Flurbereinigung. 159 S., 71 Abb. 1961. (692)

Agrikulturchemie von K. Scharrer. 2 Bde.
I: Pflanzenernährung. 143 S. 1953. (329)
II: Futtermittelkunde. 192 S. 1956. (330/330 a)

Geologie, Mineralogie, Kristallographie

Geologie von F. Lotze. 3., verb. Aufl. 179 S., 80 Abb. 1965. (13/13 a)

Mineral- und Erzlagerstättenkunde von H. Huttenlocher†. 2 Bde. 2., neubearb. Aufl. von P. Ramdohr.
I: 137 S., 40 Abb., 2 Tab. 1965. (1014/1014 a)
II: 135 S., 41 Abb. 1965. (1015/1015 a)

Allgemeine Mineralogie. 12., erw. Aufl. der „Mineralogie" von R. Brauns† neubearb. von K. F. Chudoba. 152 S., 143 Textfig., 1 Taf., 3 Tab. 1968. (29/29 a)

Spezielle Mineralogie. 11., erw. Aufl. der „Mineralogie" von R. Brauns†, bearb. von K. F. Chudoba. 193 S., 127 Textfig., 6 Tab. 1964. (31/31 a)

Petrographie (Gesteinskunde) von W. Bruhns†. Neubearb. von P. Ramdohr. 6., erw. Aufl. 141 S., 21 Fig. 1966. (173)

Geochemie von K. H. Wedepohl. 221 S., 26 Abb., 37 Tab. 1967. (1224/1224 a/1224 b)

Kristallchemie von J. Zemann. 144 S., 90 Abb. 1966. (1220/1220 a)

Kristallographie von W. Bruhns†. 6. Aufl., neubearb. von P. Ramdohr. 115 S., 164 Abb. 1965. (210)

Einführung in die Kristalloptik von E. Buchwald. 5., verb. Aufl. 128 S., 117 Fig. 1963 (619/619 a)

Lötrohrprobierkunde. Mineraldiagnose mit Lötrohr und Tüpfelreaktion von M. Henglein. 4., durchges. u. erw. Aufl. 108 S., 12 Fig. 1962. (483)

Technik

Graphische Darstellung in Wissenschaft und Technik von M. Pirani. 3., erw. Aufl. bearb. von J. Fischer unt. Benutzg. der von I. Runge bes. 2. Aufl. 216 S., 104 Abb. 1957. (728/728a)

Technische Tabellen und Formeln von W. Müller. 5., verb. u. erw. Aufl. von E. Schulze. 165 S., 114 Abb., 99 Taf. 1962. (579)

Einführung in die Arbeitswissenschaft von H. H. Hilf. 164 S., 57 Abb. 1964. (1212/1212a)

Grundlagen der Straßenverkehrstechnik. Theorie der Leistungsfähigkeit von E. Engel. 101 S., 55 Abb. 1962. (1198)

Elektrotechnik

Grundlagen der allgemeinen Elektrotechnik von O. Mohr. 3. Aufl. 260 S., 136 Bild., 14 Taf. 1965. (196/196a)

Die Gleichstrommaschine von K. Humburg. 2 Bde. 3. Aufl.
I: Etwa 102 S., 59 Abb. In Vorb. (257)
II: Etwa 101 S., 38 Abb. In Vorb. (881)

Die Synchronmaschine von W. Putz. 92 S., 64 Bild. 1962. (1146)

Induktionsmaschinen von F. Unger. 3. Aufl. In Vorb. (1140)

Die komplexe Berechnung von Wechselstromschaltungen von H. H. Meinke. 3., neubearb. Aufl. 185 S., 126 Abb. 1965. (1156/1156a)

Theoretische Grundlagen zur Berechnung der Schaltgeräte von F. Kesselring. 4. Aufl. 1968. (711/711a/711b)

Einführung in die Technik selbsttätiger Regelungen von W. zur Megede. 3., überarb. u. erw. Aufl. Etwa 180 S., 86 Abb. 1968. In Vorb. (714/714a)

Elektromotorische Antriebe von W. Meyer. 223 S., 113 Abb. 1967. (827/827a/827b)

Überspannungen und Überspannungsschutz von G. Frühauf. Durchges. Neudr. 122 S., 98 Abb. 1950. (1132)

Elektrische Höchstspannungs-Schaltanlagen. Für Freiluft und Innenanordnung von G. Meiners u. K.-H. Wiesenewsky. 138 S., 58 Abb. 1964. (796/796a)

Transformatoren von W. Schäfer. 5., überarb. u. erg. Aufl. 130 S., 73 Abb. 1967. (952/952a)

Maschinenbau

Thermische Verfahrenstechnik von H. Bock. 3 Bde.
I: Eigenschaften und Verhalten der realen Stoffe. 184 S., 28 Abb. 1963. (1209/1209 a)
II: Funktion und Berechnung der elementaren Geräte. 195 S., 54 Abb. 1964. (1210/1210 a)
III: Fließbilder, ihre Funktion und ihr Zusammenbau aus Geräten. 224 S., 67 Abb. 1965. (1211/1211 a)

Technische Thermodynamik von U. Grigull. 171 S., 74 Abb. 1966. (1084/1084 a)

Metallkunde von H. Borchers. 3 Bde.
I: Aufbau der Metalle und Legierungen. 6. Aufl. 120 S., 90 Abb., 2 Tab. 1964. (432)
II: Eigenschaften, Grundzüge der Form- und Zustandsgebung. 5., erg. u. durchges. Aufl. 182 S., 107 Abb., 10 Tab. 1963. (433/433 a)
III: Die metallkundlichen Untersuchungsmethoden von E. Hanke. In Vorb. (434)

Die Werkstoffe des Maschinenbaues von A. Thum† und C. M. v. Meysenbug. 2 Bde.
I: Einführung in die Werkstoffprüfung. 3. Aufl. In Vorb. (476)
II: Die Konstruktionswerkstoffe. 132 S., 40 Abb. 1959. (936)

Dynamik von W. Müller. 2 Bde. 2., verb. Aufl.
I: Dynamik des Einzelkörpers. 128 S., 48 Fig 1952. (902)
II: Systeme von starren Körpern. 102 S., 41 Fig. 1952. (903)

Technische Schwingungslehre von L. Zipperer. 2 Bde. 2., neubearb. Aufl.
I: Allgemeine Schwingungsgleichungen, einfache Schwinger. 120 S., 101 Abb. 1953. (953)
II: Torsionsschwingungen in Maschinenanlagen. 102 S., 59 Abb. 1955. (961/961 a)

Werkzeugmaschinen für Metallbearbeitung von K. P. Matthes. 2 Bde.
I: 100 S., 27 Abb., 11 Zahlentaf., 1 Tafelanh. 1954. (561)
II: Fertigungstechnische Grundlagen der neuzeitlichen Metallbearbeitung. 101 S., 30 Abb., 5 Taf. 1955. (562)

Das Maschinenzeichnen mit Einführung in das Konstruieren von W. Tochtermann. 2 Bde. 4. Aufl.
I: Das Maschinenzeichnen. 156 S., 75 Taf. 1950 (589)
II: Ausgeführte Konstruktionsbeispiele. 130 S., 58 Taf. 1950. (590)

Die Maschinenelemente von E. A. vom Ende†. 4., überarb. Aufl. 184 S., 179 Fig., 11 Taf. 1963. (3/3 a)

Die Maschinen der Eisenhüttenwerke von L. Engel. 156 S., 95 Abb. 1957. (583/583 a)

Walzwerke von H. Sedlaczek†. 3., neubearb. Aufl. In Vorb. (580/580 a)

Getriebelehre von P. Grodzinski†. 2 Bde. 3., neubearb. Aufl. von G. Lechner.
I: Geometrische Grundlagen. 164 S., 131 Fig. 1960. (1061)
II: Angewandte Getriebelehre. In Vorb. (1062)

Kinematik von H. R. Müller. 171 S., 75 Fig. 1963. (584/584a)

Gießereitechnik von H. Jungbluth. 2 Bde.
I. Eisengießerei. 126 S., 44 Abb. 1951. (1159)

Die Dampfkessel einschließlich Feuerungen und Hilfseinrichtungen. Physikalische und chemische Grundlagen, Berechnung und Konstruktion, Vorschriften und Beispiele von W. Marcard. 3., neubearb. Aufl. von G. Beyer 2 Bde.
I: Physikalische und chemische Grundlagen, Wärmelehre, Wärmeübertragung, Verbrennung. 133 S., 35 Bild., 26 Tab. 1964. (9/9a)
II: Berechnung und Konstruktion. Dampfkessel, Hilfseinrichtungen. Feuerungen, Berechnung. 108 S., 45 Bild. 1966. (521/521 a)

Die Dampfturbinen. Ihre Wirkungsweise, Berechnung und Konstruktion von C. Zietemann. 3 Bde.
I: Theorie der Dampfturbinen. 4. Aufl. 139 S., 48 Abb. In Vorb. (274)
II: Die Berechnung der Dampfturbinen und die Konstruktion der Einzelteile. 4., verb. Aufl. 132 S. 111 Abb. In Vorb. (715)
III: Die Regelung der Dampfturbinen, die Bauarten, Turbinen für Sonderzwecke, Kondensationsanlagen. 3., verb. Aufl. 126 S., 90 Abb. 1956. (716)

Verbrennungsmotoren von W. Endres. 3 Bde.
I: Überblick. Motor-Brennstoffe, Verbrennung im Motor allgemein, im Otto- und Diesel-Motor. 2. Aufl. In Vorb. (1076/1076a)
II: Gaswechselvorgang. Aufladen, Leistung, mittl. Druck, Reibung, Wirkungsgrade und Kraftstoffverbrauch. 152 S., 62 Abb. 1966. (1184/1184a)
III: Die Einzelteile des Verbrennungsmotors. In Vorb. (1185/1185a)

Autogenes Schweißen und Schneiden von H. Niese. 5. Aufl., neubearb. von A. Küchler. 136 S., 71 Fig. 1953. (499)

Die elektrischen Schweißverfahren von H. Niese. 2. Aufl., neubearb. von H. Dienst. 136 S., 58 Abb. 1955. (1020)

Die Hebezeuge. Entwurf von Winden und Kranen von G. Tafel. 2., verb. Aufl. 176 S., 230 Fig. 1954. (414/414a)

Vermessungswesen

Vermessungskunde von W. Großmann. 3 Bde.
I: Stückvermessung und Nivellieren. 12., verb. Aufl. 156 S., 122 Fig. 1965., (468)
II: Horizontalaufnahmen und ebene Rechnungen. 10., verb. Aufl. 149 S., 101 Fig. 1967. (469/469a)
III: Trigonometrische und barometrische Höhenmessung. Tachymetrie und Absteckungen. 8., verb. Aufl. 140 S., 102 Fig. 1965. (862)

Kartographie von V. Heissler. 2. Aufl. 213 S., 125 Abb., 8 Anl. 1966. (30/30a)

Photogrammetrie von G. Lehmann. 2., neubearb. Aufl. 205 S., 136 Abb. 1966. (1188/1188a)

Wasserbau

Wasserkraftanlagen von A. Ludin unt. Mitarb. von W. Borkenstein. 2 Bde.
I: Planung, Grundlagen und Grundzüge. 124 S., 60 Abb. 1955. (665)
II: Anordnung und Ausbildung der Hauptbauwerke. 184 S., 91 Abb. 1958. (666/666a)

Verkehrswasserbau von H. Dehnert. 3 Bde.
I: Entwurfsgrundlagen, Flußregelungen 103 S., 53 Abb. 1950. (585)
II: Flußkanalisierung und Schiffahrtskanäle. 94 S., 60 Abb. 1950. (597)
III: Schleusen und Hebewerke. 98 S., 70 Abb. 1950 (1152)

Wehr- und Stauanlagen von H. Dehnert. 134 S., 90 Abb. 1952. (965)

Talsperren von F. Tölke. 122 S., 70 Abb. 1953. (1044)

Hoch- und Tiefbau

Die wichtigsten Baustoffe des Hoch- und Tiefbaus von O. Graf†. 4., verb. Aufl. 131 S., 63 Abb. 1953. (984)

Baustoffverarbeitung und Baustellenprüfung des Betons von A. Kleinlogel. 2., neubearb. u. erw. Aufl. 126 S., 35 Abb. 1951. (978)

Festigkeitslehre. 2 Bde.
I: Elastizität, Plastizität und Festigkeit der Baustoffe und Bauteile von W. Gehler† u. W. Herberg. Durchges. u. erw. Neudr. 159 S., 118 Abb. 1952. (1144)
II: Formänderung, Platten, Stabilität und Bruchhypothesen von W. Herberg und N. Dimitrov. 187 S., 94 Abb. 1955. (1145/1145a)

Grundlagen des Stahlbetonbaues von A. Troche. 2., neubearb. u. erw. Aufl. 208 S., 75 Abb., 17 Bemessungstaf., 20 Rechenbeisp. 1953. (1078)

Statik der Baukonstruktionen von A. Teichmann 3 Bde.
I: Grundlagen. 101 S., 51 Abb., 8 Formeltaf. 1956. (119)
II: Statisch bestimmte Stabwerke. 107 S., 52 Abb., 7 Taf. 1957 (120)
III: Statisch unbestimmte Systeme. 112 S., 34 Abb., 7 Formeltaf. 1958. (122)

Fenster, Türen, Tore aus Holz und Metall. Eine Anleitung zu ihrer guten Gestaltung, wirtschaftlichen Bemessung und handwerksgerechten Konstruktion von W. Wickop†. 5. Aufl. In Vorb. (1092)

Heizung und Lüftung von W. Körting. 2 Bde., neubearb. Aufl.
I: Das Wesen und die Berechnung der Heizungs- und Lüftungsanlagen. 171 S., 29 Abb., 36 Zahlentaf. 1962. (342/342a)
II: Die Ausführung der Heizungs- und Lüftungsanlagen. In Vorb. (343)

Industrielle Kraft- und Wärmewirtschaft von F. A. F. Schmidt u. A. Beckers. 167 S., 73 Abb. 1957. (318/318a)

Sammlung Göschen / Bandnummernfolge

1 Langosch, Der Nibelunge Nôt
3/3a v. Ende, Maschinenelemente
9/9a Marcard-Beyer, Dampfkessel I
10 Jiriczek-Wisniewski, Kudrun und Dietrich-Epen
13/13a Lotze, Geologie
18 Maurer, Hartmann von Aue, Der arme Heinrich
19 Altheim, Römische Geschichte I
20 Hofstaetter, Dt. Sprachlehre
22 Maurer, Gottfried von Strassburg
29/29a Brauns-Chudoba, Allgemeine Mineralogie
30/30a Heissler, Kartographie
31/31a Brauns-Chudoba, Spezielle Mineralogie
32 Schneider-Wisniewski, Deutsche Heldensage
35 Treue, Dt. Geschichte von 1648 bis 1740
37/37a Klemm, Anorgan. Chemie
38/38a Schlenk, Organische Chemie
39 Treue, Dt. Geschichte von 1713 bis 1806
42 Behn-Hoernes, Vorgeschichte Europas
44 Kresze, Physikal. Meth. in der Organ. Chemie I
45/45a Kresze, Physikal. Meth. in der Organ. Chemie II
47 Fischer-Rohrbach, Arithmetik
51/51a Ringleb, Mathem. Formelsammlung
52 Bieler, Röm. Literaturgesch. I
59 Krahe, Indogerm. Sprachwiss. I
60 Biehle, Stimmkunde
61 Biehle, Redetechnik
64 Krahe, Indogerm. Sprachwiss. II
65/65a Grotemeyer, Analyt. Geometrie
66 Berneker-Vasmer, Russische Grammatik
70 Nestle-Liebich, Gesch. d. griechischen Literatur I
71 Schulze, Allgemeine und physikalische Chemie I
76 Döring, Einf. i. d. th. Physik I
77/77a Döring, Einf. i. d. th. Physik II
78 Döring, Einf. i. d. th. Physik III
79/79a Hempel, Got. Elementarbuch
80 Weigert, Stilkunde I
81 Schubert-Haussner-Erlebach, Vierstell. Logarithmentafeln
86 Barner, Differential- u. Integralrechnung I
96 Hartmann, Einf. in die allgem. Biologie
99 Hessenberg-Kneser, Ebene und sphär. Trigonometrie
101/101a Wiese, Soziologie
103 Dahrendorf, Industrie- und Betriebssoziologie
104/104a Hofstätter, Sozialpsychologie
111/111a Hoffmann-Debrunner-Scherer, Gesch. d. griechischen Sprache I
114/114a Debrunner-Scherer, Gesch. der griechischen Sprache II
117 Brandenstein, Griechische Sprachwissenschaft I
118/118a Brandenstein, Griechische Sprachwissenschaft II
119 Teichmann, Statik der Baukonstruktionen I
120 Teichmann, Statik der Baukonstruktionen II
122 Teichmann, Statik der Baukonstruktionen III

442 Hannemann, Schwämme und Hohltiere
443 Gruner-Deckert, Krebse
444 Reichenow, Einzeller
445 Asmus, Physikal.-chem. Rechenaufgaben
447/447 a Herter, Kriechtiere
448 Fechter, Manteltiere
452/452 a Bahrdt-Scheer, Stöchiometr. Aufgabenslg.
468 Großmann, Vermessungskunde I
469/469 a Großmann, Vermessungskunde II
476 Thum-Meysenbug, Werkstoffe des Maschinenbaues I
483 Henglein, Lötrohrprobierkunde
492/492 a Stolz-Debrunner-Schmid, Geschichte der lateinischen Sprache
499 Niese-Küchler, Autogenes Schweißen
500 Simmel, Hauptprobleme der Philosophie
521/521 a Marcard-Beyer, Dampfkessel II
536 Lehmann, Kant
538 Rumpf, Archäologie I
539 Rumpf, Archäologie II
540 Rumpf, Archäologie III
557 Nestle-Liebich, Gesch. der griech. Literatur II
561 Matthes, Werkzeugmaschinen I
562 Matthes, Werkzeugmaschinen II
564 Behn-Hoernes, Kultur der Urzeit I
565 Behn-Hoernes, Kultur d. Urzeit II
566 Behn-Hoernes, Kultur d. Urzeit III
571 Lehmann, Philosophie des 19. Jahrhunderts I
576/576 a Moser, Gesangskunst
579 Müller-Schulze, Techn. Tabellen
580/580 a Sedlaczek, Walzwerke
583/583 a Engel, Maschinen der Eisenhüttenwerke
584/584 a Müller, Kinematik
585 Dehnert, Verkehrswasserbau I
587 Kalitsunakis-Steinmetz, Neugriech.-dt. Gesprächsbuch
589 Tochtermann, Maschinenzeichnen I
590 Tochtermann, Maschinenzeichnen II
594 Lengerken, Insekten
597 Dehnert, Verkehrswasserbau II
601 Mutschmann-Scherer, Engl. Phonetik
608/608 a/608 b Erman-Krückmann, Hieroglyphen
619/619 a Buchwald, Kristalloptik
665 Ludin-Borkenstein, Wasserkraftanlagen I
666/666 a Ludin-Borkenstein, Wasserkraftanlagen II
668 Knopp, Funktionentheorie I
677 Altheim, Röm. Geschichte II
679 Altheim, Röm. Geschichte III
684 Altheim, Röm. Geschichte IV
691 Fauser, Kulturtechn. Bodenverbesserungen I
692 Fauser, Kulturtechn. Bodenverbesserungen II
698/698 a Schulze, Allgemeine u. physikalische Chemie II
703 Knopp, Funktionentheorie II
708/708 a/708 b Meissner-Oberhuber, Keilschrift
709 Lehmann, Philosophie des 19. Jahrhunderts II
711/711 a/711 b Kesselring, Berechnung der Schaltgeräte
714/714 a zur Megede, Technik selbsttätiger Regelungen
715 Zietemann, Dampfturbinen II
716 Zietemann, Dampfturbinen III
718 Neger-Münch-Huber, Laubhölzer
728/728 a Pirani-Fischer-Runge, Graph. Darstellung in Wissenschaft u. Technik
735 Ekwall, Historische neuengl. Laut- und Formenlehre
746/746 a Pfanzagl, Allg. Methodenlehre der Statistik I
747/747 a Pfanzagl, Allg. Methodenlehre der Statistik II
756/756 a Kalitsunakis, Gramm. d. Neugriech. Volksspr.
763/763 a/763 b Meyer, Hebräische Grammatik I
764/764 a/764 b Meyer, Hebräische Grammatik II
765/765 a/765 b Meyer, Hebräische Grammatik III
768/768 a Bieberbach, Einführung in die konforme Abbildung

769/769a Beer-Meyer, Hebräisches Textbuch
770 Schlingloff, Religion des Buddhismus II
776/776a Kolms, Finanzwissenschaft III
780 Krahe, German. Sprachwiss. II
781 Weigert, Stilkunde II
782/782a Kolms, Finanzwissenschaft IV
786 Schulze, Molekülbau
796/796a Meiners-Wiesenewsky, Elektr. Höchstspannungs-Schaltanlagen
809 Moser, Harmonielehre I
810 Moser, Harmonielehre II
826 Koch, Philosophie d. Mittelalters
827/827a/827b Meyer, Elektromotorische Antriebe
831 Erismann, Allg. Psychologie I
832/832a Erismann, Allg. Psychologie II
833 Erismann, Allg. Psychologie III
834/834a Erismann, Allg. Psychologie IV
837/837a Baumgartner, Gruppentheorie
845 Lehmann, Philosophie im ersten Drittel des 20. Jhs. I
847 Herter, Lurche
850 Lehmann, Philosophie im ersten Drittel des 20. Jhs. II
851/851a Moede, Psychologie des Berufs- und Wirtschaftslebens
857 Capelle, Griech. Philosophie I
858 Capelle, Griech. Philos. II
859 Capelle, Griech. Philos. III
862 Großmann, Vermessungskunde III
863 Capelle, Griech. Philos. IV
866 Bieler, Röm. Literaturgeschichte II
869 Freye, Vögel
875 Hofmann, Geschichte der Mathematik II
877 Knopp, Aufgabensammlung zur Funktionentheorie I
878 Knopp, Aufgabensammlung zur Funktionentheorie II
881 Humburg, Gleichstrommaschine II
882 Hofmann, Geschichte der Mathematik III
883 Stuloff, Mathematik der neuesten Zeit
893 Treue, Dt. Geschichte von 1806 bis 1890
894 Treue, Dt. Geschichte von 1890 bis zur Gegenwart
896/896a Pokorny, Altirische Gramm.
902 Müller, Dynamik I
903 Müller, Dynamik II
910 Jaeger, Afrika I
911 Jaeger, Afrika II
915 Sperber-Polenz, Gesch. der Deutschen Sprache
917/917a Böhm, Versicherungsmathematik II
920/920a Hoheisel, Gewöhnliche Differentialgleichungen
921 Jantzen-Kolb, W. v. Eschenbach, Parzival
924/924a Brandenstein, Griechische Sprachwissenschaft III
929 Schirmer-Mitzka, Dt. Wortkunde
930 Krull, Elementare und klassische Algebra I
931 Hasse, Höhere Algebra I
932 Hasse, Höhere Algebra II
933 Krull, Elementare und klassische Algebra II
936 Thum-Meysenbug, Werkstoffe d. Maschinenbaues II
942/942a Damerau, Polnische Grammatik
952/952a Schäfer, Transformatoren
953 Zipperer, Techn. Schwingungslehre I
961/961a Zipperer, Techn. Schwingungslehre II
965 Dehnert, Wehr- und Stauanlagen
970/970a Baldus-Löbell, Nichteuklidische Geometrie
972/972a Herter-Urich, Vergleichende Physiologie der Tiere I
973/973a Herter-Birukow, Vergleichende Physiologie der Tiere II
978 Kleinlogel, Baustoffverarbeitung und Baustellenprüfung d. Betons
984 Graf, Baustoffe des Hoch- und Tiefbaus
999/999a Kamke, Mengenlehre
1000 Jaspers, Geistige Situat. der Zeit

1003 Hoheisel, Partielle Differentialgleichungen
1008/1008a Mellerowicz, Allgem. Betriebswirtschaftslehre I
1009 Bechert-Gerthsen-Flammersfeld, Atomphysik I
1014/1014a Huttenlocher-Ramdohr, Mineral- und Erzlagerstättenkunde I
1015/1015a Huttenlocher-Ramdohr, Mineral- und Erzlagerstättenkunde II
1017 Döring, Einf. i. d. th. Physik V
1020 Niese-Dienst, Elektrische Schweißverfahren
1031/1031a Apel-Ludz, Philosophisches Wörterbuch
1033 Bechert-Gerthsen-Flammersfeld, Atomphysik II
1034 Kranefeldt-Jung, Therapeutische Psychologie
1035 Altheim, Röm. Religionsgeschichte I
1039/1039a Dovifat, Zeitungslehre I
1040/1040a Dovifat, Zeitungslehre II
1044 Tölke, Talsperren
1045 Schubert, Technik des Klavierspiels
1051/1051a Stolberg-Wernigerode, Gesch. d. Vereinigten Staaten
1052 Altheim, Röm. Religionsgeschichte II
1059/1059a Hoheisel, Aufgabenslg. z. d. gew. u. part. Differentialgleichungen
1061 Grodzinski-Lechner, Getriebelehre I
1062 Grodzinski-Lechner, Getriebelehre II
1065 Haller-Dannenbauer, Von d. Karolingern zu den Staufern
1070 Sauter, Differentialgleichungen der Physik
1074 Koschmieder, Variationsrechnung I
1075 Koschmieder, Variationsrechnung II
1076/1076a Endres, Verbrennungsmotoren I
1077 Haller-Dannenbauer, Von den Staufern zu den Habsburgern
1078 Troche, Stahlbetonbau
1082 Hasse-Klobe, Aufgabensammlung zur höheren Algebra
1084/1084a Grigull, Techn. Thermodynamik
1085 Lietzmann-Aland, Zeitrechnung
1086 Müller, Dt. Dichten und Denken
1088 Preller, Gesch. Englands II
1092 Wickop, Fenster, Türen, Tore
1094 Hernried, System, Modulation
1096 Viëtor, Dt. Dichten und Denken
1099 Hoheisel, Integralgleichungen
1105 Hartung, Dt. Geschichte im Zeitalter der Reformation
1108 de Boor-Wisniewski, Mittelhochdeutsche Grammatik
1109 Knopp, Elemente der Funktionentheorie
1111/1111a Naumann-Betz, Althochdt. Elementarbuch
1113/1113a Strubecker, Differentialgeometrie I
1114/1114a Schubel, Engl. Literaturgeschichte I
1115/1115a/1115b Ranke-Hofmann, Altnord Elementarbuch
1116 Schubel, Engl. Literaturgeschichte II
1117 Haller-Dannenbauer, Eintritt der Germanen in die Geschichte
1121 Naumann, Dt. Dichten u. Denken
1122 Jesch, Sprecherziehung
1123/1123a Bechert-Gerthsen-Flammersfeld, Atomphysik III
1124 Schubel, Engl. Literaturgeschichte III
1125 Lehnert, Altengl. Elementarbuch
1127 Hartmann, Geschlecht u. Geschlechtsbestimmung im Tier- und Pflanzenreich
1128 Buchner. Symbiose d. Tiere
1130 Dibelius-Kümmel, Jesus
1131 Scholz-Schoeneberg, Einführung in die Zahlentheorie
1132 Frühauf, Überspannungen
1134 Kuckuck, Pflanzenzüchtung I
1135 Lehnert, Beowulf
1137 Heil, Entwicklungsgesch. Pflanzenreiches
1138 Hämmerling, Fortpflanzung im Tier- und Pflanzenreich
1140 Unger, Induktionsmaschinen
1141 Koller, Hormone

1216/1216a Bauer, Wahrscheinlichkeitstheorie I
1217 Bauer, Wahrscheinlichkeitstheorie II
1218/1218a/1218b Meid, German. Sprachwiss. III
1219 Schmidt-Clausing, Zwingli
1220/1220a Zemann, Kristallchemie
1221 Gerdes, Kierkegaard
1222/1222a Tschižewskij, Slav. Literaturen I
1223/1223a Tschižewskij, Slav. Literaturen II
1224/1224a/1224b Wedepohl, Geochemie
1225/1225a Schneider-Jurksch, Datenverarbeitungsanlagen
1226/1226a/1226b Weinstock, Mittelengl. Elementarbuch
1227/1227a Wedig, Übungsaufgaben zu A. Paulsen, Allgem. Volkswirtschaftslehre I/II

Autorenregister

www.fsc.org
MIX
Papier | Fördert
gute Waldnutzung
FSC® C083411

Kolibri 360 GmbH
Ferdinand-Jühlke-Straße 7
99095 Erfurt, Deutschland
produktsicherheit@kolibri360.de